現場発！ニッポン再興

——ふるさとが「稼ぐまち」に変わる16の方法

出町 譲

晶文社

イラストレーション　日比野尚子
ブックデザイン　鈴木成一デザイン室

まえがき

私は民放テレビの報道局の社員である。池上彰《いけがみあきら》さんのニュース解説のコーナーを担当している。このため、毎日、すべての新聞を読み込んでいる。それ以外には、たまにテレビに出演もし、コメントを放つ。それが私の本業である。

しかし、週末には、もう一つの「顔」になる。「作家兼ジャーナリスト」である。部屋に籠もって文献を読み込んだり、原稿を執筆したりする。さらには、この本にあるように、全国を飛び回って取材する。俗にいう「二足の草鞋《わらじ》」だ。ニュースで目の前の事象を追いかけながら、縦軸で歴史を勉強し、横軸でさまざまな人物と腹を割って話す。それが、「日常」になっている。

始まりは、二〇一〇年の暮れだった。私は、経団連副会長だった中村芳夫（現・バチカン大使）さんと、文藝春秋の新谷学君と三人で食事をしていた。民主党の菅直人《かんなおと》政権の時代だ。国民の間では民主党政権への熱狂はすでに冷め切っていた。毎年のように総理大臣がかわることに、政治不信はピークを迎えつつあった。

「政界でも財界でもあまりにリーダーの言葉が軽い。この人が言うなら仕方ないというリーダーはいないのか」。そんな懸念を語り合った。その時、中村さんはポツリと言葉を発した。「私にとってのリーダーは土光《どこう》さんです」。中村さんは「メザシの土光さん」と言われた土光敏夫《としお》の経団連会長時代に秘書として仕えた。

中村さんによれば、土光は現場主義を貫き、一人ひとりに向き合った。逃げない男で、右翼が経団連を襲撃した際にも、直接話すと言ってきかなかった。新谷君と私は、中村さんの話を聞きながら凄い人物がいたものだと感動した。突然、新谷君は「出町、書いてみれば」と漏らした。実は冗談だったそうだが、私は本気になった。週末に図書館で参考文献をあさり、関係者を取材した。

二〇一一年の東日本震災から五ヵ月で上梓したのが、『清貧と復興　土光敏夫１００の言葉』（文春文庫所収）である。私にとっては初めての著作となる。

「サラブレッドより野ネズミの方が強い」「自分の火種は、自分で火をつけよ」。土光の言葉、そしてその生き方に、私は共鳴した。

「震災からの復興の国民必読の書にしようぜ」。新谷君は担当編集者として、音頭をとった。さまざまなメディア関係者に働きかけたり、都内の大型書店で私のトークショーを開催したりしてくれた。「どんないい本でも売れなきゃダメだ」。それが新谷君の信念だった。ベストセラーランキングで、全国二位にもなった。結局、八万部で、この年の文藝春秋のノンフィクションの売り上げトップだった。

新谷君は私の大学時代の「盟友」だ。卒業式の日に取っ組み合いの喧嘩もした。その挙げ句、故郷の親に買ってもらった就職活動用のスーツをなくした。

それでも社会人になってからも、付き合いは続いた。家族ぐるみで、茅ケ崎《ちがさき》でバーベキューをしたりした。ある年、新谷君が酒を飲んで海に入った。波にさらわれそうになった際、私が助けたこともある。逆に弱気の私を励ましてくれたことも数知れない。

新谷君はその後、『週刊文春』の編集長になった。「文春砲」の総指揮官としてスクープを連発し、時代を牽引した。「親しき仲にもスキャンダル」というのが、彼の口癖だ。各所から掲載をやめてくれという「圧力」は何度もあったという。「スクープをとれ」というシンプルな指示で部下は発奮した。恨みを買うことも多かったそうだが、ぶれない姿勢は、共感を呼ぶ。現在は『週刊文春』編集局長となり、出版不況の中いかに儲けるかに、全力投球している。その戦いはまさに土光敏夫ばりの命がけだ。私は、新谷君の執念に大いに刺激を受けた。ならば何をすべきか。

その回答が本書だ。私は今回、全国を飛び回り、「歴史的な現場」を取材したと自負している。単なる地方の平凡な日常と片づけるわけにはいかない。なぜか。日本の人口減少は、人類史上経験のないスピードで進むからだ。今世紀末、つまりあと八〇年ほどで人口は五〇〇〇万人となる見通しだ。

こうした現場は、歴史的な舞台だ。戦場や革命の現場にも勝るとも劣らない。世界に伝えるべき重要なテーマが盛りだくさんである。世界の先進国の多くは今後、少子高齢化の問題に直面するからだ。「課題先進国」の日本の現状を伝えるのは、世界の教訓にもなる。

「一〇〇年前も五〇〇〇万人だったのだから、今の人口が多すぎる。昔に戻るだけで問題ないじゃないか」。そんな意見もあろう。ただ、当時は若者が多かったが、今度は年寄りばかりの国になる。消費が減り、経済がマイナス成長になる。

人口が減れば、病院や学校、スーパーなどもなくなる。そうなると、働く場所もなくなる。少子化で小学校や中学校も統合・縮小され、子育てが困難となる。人々はますます、地方を捨て、東京に移り住む。東京一極集中だ。地震や災害のように一気に建物が壊れるわけではないが、静かにゆっくりと地方は「破壊」されている。〝静かなる有事〟と呼ばれる所以だ。

日本は二〇一五年の国税調査で、人口減少が記録された。それは、ほぼ一〇〇年前の調査開始以来、初めてだ。この一〇〇年間、日本政府の仕組みは、「人口増」を前提に形作られてきた。このやり方を一八〇度変える必要がある。それなのに、十分な対応ができてない。

実は政府がもたもたしている間に、地方では現場が動き始めている。

彼らは摩擦を恐れず、改革に邁進した。その戦いは、「奇跡」を生み出す。人口が増えたり、観光客が殺到したりする現場がいくつもあった。私はそれを見て、目頭が熱くなった。ジャーナリストとして、世の中を見続けて四半世紀以上たつ。その経験から一つの鉄則を確信している。衰退する地域や企業が復活するには、「改革の志士」の存在が必要である。〝再建請負人〟と言われた土光敏夫は、こんな強烈な言葉を残している。

「私たちは、ごくわずかだが、〝火種のような人〟がいることを知っている。自ら、かっかっと火を発し燃えている人だ。その人のそばにいると、火花がふりかかり、熱気が伝わるような感じを受ける。実は職場や仕事をグイグイ引っ張っているのは、そんな人だ」

地方の現場で、〝火種〟を持つ人々をお伝えしたい。

現場発！ニッポン再興——ふるさとが「稼ぐまち」に変わる16の方法／目次

第一章　「よそ者」「若者」こそ、改革の先駆者

左●株式会社能作の能作克治社長
右●高岡の鋳物発祥の地・金屋町

「よそ者」が伝統産業の火種に（富山県高岡市）

取材：2016年7月

伝統産業に「よそ者」登場

中心街を歩くと、至る所にシャッターを閉めた店舗がある。買い物客の姿はほとんど見かけない。かつて商都として賑わっていた富山県高岡市。しかし、今やその面影はなく、寂れた表情を見せる。ここで生まれ育った私は帰省するたびに、寂寥《せきりょう》感を覚える。

ところが、そんな高岡市に盛り上がっている世界があるという。しかも、一見古臭く思える伝統工芸の世界である。一人の「よそ者」が火をつけたのだ。

その人は、創業一〇〇年を超す鋳物メーカー「能作《のうさく》」の社長の能作克治《のうさくかつじ》（58）である。本人曰く「富山県では、県外から来た人を『旅の人』というのです」。

能作はまさしく「旅の人」であり、「よそ者」である。同じ北陸とはいえ、福井県出身である。もともとは新聞社のカメラマンだった。大阪に赴任していた際、鋳物メーカー「能作」の一人娘と知り合い、結婚した。一九八四年に婿養子になり、鋳物職人へ転職した。

当初は戸惑うこともあったが、次第に面白さに取りつかれた。技術を磨くため、汗を流しながら仕事に没頭した。

忘れられない光景がある。親子連れが工場見学のため訪れた。母親は作業していた能作の存在を気にもとめず、息子にこう言った。

「勉強しないとあんな仕事をするようになるんだよ」

それを息子に言うための工場見学だったのか。その言葉を聞いて、能作は唇をかんだ。「伝統産業はこんなに低く見られているのか。子どもたちが素晴らしいと思うような仕事にしたい」。

高岡の鋳物の歴史は、二代加賀藩主前田利長《としなが》が高岡城を築城した約四〇〇年前にさかのぼる。大坂から鋳物職人七人を連れてきたのだ。

鋳物は金属を溶かし、それを鋳型と言われる型に入れて作る金属製品のことである。溶かした金属が、銅なら銅器、鉄なら鉄器だ。

高岡が得意とするのは、鋳物の中でも銅器だ。全国の銅器の実に九〇パーセント以上が高岡製と言われる。東京都世田谷区のサザエさんや、鳥取県境港市の鬼太郎の銅像、さらには寺の梵鐘《ぼんしょう》なども大半は高岡製。しかし、銅器の販売高は一九九〇年に三七四億五〇〇〇万円を記録して以降、減少の一途をたどる。二〇一四年にはわずか一一七億二〇〇〇万円だった。

高岡銅器の特色は分業体制だ。鋳型の製造、鋳造、研磨、着色、彫金、仕上げといった工程に、それぞれ専門の業者がいる。業者に仕事を発注しているのが産地問屋だ。産地問屋こそが実際に全国の販売店に向き合っている。

「能作」は鋳造を担う。鋳造とは、溶かした金属を型に流し込み、冷やして目的の形にする製造方法のことを指す。生地メーカーと言われ、仏具や茶道具、花器などの鋳物素材を提供している。産地問屋に喜ばれる商品作りが、求められる。能作は鋳物職人に転職して一八年間、ひたすら腕を磨いた。

　そのころ、中国が台頭してきた。能作は策を練る。低賃金で大量生産されると、太刀打ちできない。機械を用いて大量生産するのではなく、職人の手仕事を大切にする大方針を打ち出した。中国との差別化である。一個からでも受注し、品質の高いものを提供した。

　高岡の銅器全体が衰退している中、能作はこうした手法で徐々に売り上げを伸ばした。少しお金にも心にも余裕ができてきたころ、新たな〝野心〟が芽生えてきた。

「お客様の顔を見たい、お客様の声を聞きたい。いつかは自社製品を開発したい」

販売員の眼力と「曲がる器」の誕生

　チャンスが巡ってきたのは、二〇〇一年だった。高岡市で開かれた勉強会に出席したときのことだった。

　能作は恐る恐る、東京から来た講師に茶道具である真鍮《しんちゅう》の建水《けんすい》を見せた。その講師は建水を一目見て気に入り、展示会に出品しないかと能作を誘った。

　当時「能作」は、仏具などしか扱っていなかったため、並べるものがない。そこで製造したのが、真鍮製の卓上ベルだった。色をつけず、生地表面の美しさを見せることで、技術力をアピールしようと考えたのだ。

　この年の夏に原宿での展示会に出品した。それを振り出しに事態は動いた。まず卓上ベルに反応したのは、セレクトショップの関係者だった。その店に、置いてくれることになった。初めてだけに、能作は期待したが、全く売れなかった。理由は簡単だ。日本ではこうした卓上ベルで家族を呼ぶ習慣がないためだ。市場の厳しさを痛感していた能作に救いの手を差し伸べてくれたのは、ある女性販売員だった。

「このベル、風鈴にしたらどうですか。きっと売れますよ」

これだけエアコンが普及している時代に、風鈴が売れるだろうか。能作は半信半疑だったが、今度は爆発的にヒットした。

能作は改めて消費者と向き合っている販売員の眼力に驚嘆した。

攻めの姿勢を見せながらも、慎重さもあった。高岡には産地問屋という存在があるからだ。彼らを飛ばして、直接販売店に向き合うのはタブーだった。そこで伝統的な従来の商品については産地問屋を通すが、新たに開発した商品はすべて県外に持ち出した。ギフトショーなどで、商品を展示したのである。

高岡の産地問屋と取引があるかどうかを聞いてから取り引きしたが、実際には高岡の産地問屋と取引のあるケースは少なかった。「伝統産業というのは、作っているものも古いが、流通も古いということに気づきました」。こちらから押しかけて営業することはなかったが、順調に販路を拡大したのである。

そしてさらなる躍進のきっかけは、また販売員の言葉だった。

「食器を作ってくれませんか」

能作は慎重に戦略を練った。まず素材を何にするか。保健所に問い合わせたところ、真鍮の食器は食品衛生法上、問題があった。それならスズはどうか。スズは軟らかいので、通常は鉛や銅などを加えて硬くして加工する。しかし、こうした手法でできたスズの食器はすでに大阪や薩摩に存在している。

「物マネになるのも嫌だったし、他の産地を脅かすのも嫌だった」

選んだのは、スズ一〇〇パーセントだ。あえて誰もやっていないことに挑戦した。

試作品が完成したものの、形にすると曲がってしまう。当初はそれを克服しようとしたが、なかなかうまくいかない。

四苦八苦していた能作に対して、あるデザイナーが「曲がるなら、曲げて使えばいいじゃないですか」とアドバイスした。能作は目から鱗が落ちた思いで、「曲がる器」の商品化に踏み切る。

「金属は硬いものだ」という常識にとらわれない「曲がる器」の誕生である。これが大ヒット商品となる。消費者にとっては、自分の手で力を加えて、自由自在に形を変えることができる点が魅力となった。

「能作」では、スズそのものの生地の美しさを生かした製品を作っている。ビアカップ、シャンパングラス、タンブラー、盃などである。洒落たイメージで、消費者に浸透していった。

日本橋三越本店、松屋銀座店など次々に直営店を設けた。その数は一六年九月には一〇店舗になる。直営店は単にモノを販売するだけでなく、情報発信の拠点になる。「高岡のこと、鋳物の歴史などをどんどん発信したい。商品を売るだけでなく、買う人に喜びや潤いを与えたい」。

セレクトショップ、卸業者、料亭など県外での取引は急増した。売り上げ構成は、産地問屋を通す従来取引が七パーセントで、残る九三パーセントが独自商品になった。

従業員数は、能作が入社したころは八人だったが、現在は一〇〇人ほどに急拡大している。年間の売上高は一二億円だ。

「伝統は変えてはいけないものだという認識が、そもそも大きな間違いなのです。もちろん技術は守っていかなければなりませんが、同じものを作り続けるだけではいずれ失われてしまう」

高岡の銅器のシェアの一〇パーセントにまで急成長した「能作」。このまま拡大路線を貫くのか。

「伝統産業の産地の中である一社が大きくなり、業界に影響を及ぼしだすと、その会社の業績によって産地が右往左往する。そうはなりたくない。当社の技術は高岡銅器が育ててくれた。だから、高岡の職人さん全体にも貢献したい」

私は高岡の鋳物の発祥の地、「金屋町《かなやまち》」を訪れた。通りを歩くと、千本格子の街並みが目を引く。高岡の観光名所の一つだ。

その通りの中心に店を構えるのは「大寺幸八郎《おおてらこうはちろう》商店」だ。六代目、大寺康太《こうた》（38）は「高岡の伝統工芸の若手は、能作さんから刺激を受けて、やる気を出している。新商品の開発に積極的に取り組んでいる」と語る。

能作は若手の良き相談相手になっているという。

〝能作イズム〟が高岡を変える

大寺は高岡伝統産業青年会の前会長である。この会は伝統産業に従事する四〇歳までの若手がメンバーで、伝統産業の技術の向上を目指している。能作も以前会長を務めたことがあるが、その会合では大寺は自分より若い人にも〝能作イズム〟を伝えている。

「青年会のメンバーは、使い手を意識したものづくりを考え始めました」

高岡伝統産業青年会は県外の展示会で新商品を発表したり、地元富山大学とタイアップしたりするなど、伝統の枠にとらわれない挑戦を次々と打ち上げている。

大寺は東京で大学に進学した後、高岡に戻った。大寺幸八郎商店は、当初鋳物工場を経営していたが、〇六年からは販売をメインにしている。

私は高岡市内でもう一人、若手に会った。「シマタニ昇龍工房」の四代目、島谷好徳《よしのり》(43)だ。東京の大学を卒業した段階では、跡を継ぐのが嫌だった。一年間さまざまなアルバイトに従事し、ときには明け方まで酒を飲んだ。「あなたは縁があって、仏具を作る家に生まれたのよ」。たまたま出会った人に言われ、高岡に戻ることを決意した。寺院などで使う「おりん」の製造工房の跡継ぎになった。

「当時はまだ仕事があったが、おりんは、五〇年も一〇〇年ももつ商品です。今後需要は落ち込むだろうと思いました。高岡伝統産業青年会の連中とも話し、若い世代のライフサイクルにあった商品を販売したいと考えるようになったのです」

はじめは手探りだった。真鍮を使ったコースターなどを製造したが、あまり売れなかった。そして三年前にたどり着いたのは、スズ一〇〇パーセントの「すずがみ」だ。それは、使う人が自由に折ったり、曲げたりし、形を変えられる商品。島谷に言わせれば、「お客さまが最後に完成させる商品」だ。

その製造方法はシンプルだ。スズの原料を圧延ロールに入れて、薄いスズを作る。それを金槌で叩いて、厚さ〇・七五ミリの「すずがみ」を作る。「おりんで習得した均一に叩く技術が役立った」と説明する。

「すずがみ」の商品化のきっかけはやはり、能作の成功である。商品開発にあたって、島谷はスズ一〇〇パーセントの〝先駆者〟能作に挨拶に行き、「すずがみ」の研究に取り組んだ。商品開発が成功すると、今度は、能作から販売ルートについてのノウハウを教えてもらった。スズの原料については、能作から仕入れている。

島谷は「能作さんは、知っていることを惜しみなく、教えてくれました」と感謝する。

この工房では一日五〇枚から一〇〇枚作るのが限界のところ、この三年間で、三万枚販売した。すでにおりんの販売額に匹敵している。

能作のＤＮＡは着実に、高岡の銅器業界の若手に浸透している。

若き鋳物師が続々入社

能作は今、高岡市民の意識の変化を確実に感じ取っている。

「うれしいのは、『ものづくり・デザイン科』でうちを見学してくれた子どもたちが、うちの会社に入社したことです。子どものころ授業を通して、鋳物とうちの会社が好きになったのだそうです」と話す。

「ものづくり・デザイン科」とは、高岡の前市長である橘《たちばな》慶一郎が二〇〇六年に高岡市のすべて市立の小・中・特別支援学校四〇校を対象にスタートさせたコースである。

伝統工芸の技術者らが非常勤の講師となって、実技指導や高岡の伝統工芸の歴史などを教える。校内での授業だけでなく、工房や工場、美術館などでの現場学習も含まれていて、能作の会社も、初年度から見学コースとなっている。「子どもたちには、自分の生まれ育った街に誇りをもってほしい」という。

能作で働く従業員は三〇代以下が七割を占める。後継者が不足し、高齢化に悩む伝統産業の世界において、異色の人員構成だ。八月からはイタリア人の女性も入社する。

能作は若い世代の意見を尊重し、経営している。「守ることだけでなく、攻めることもしなければ伝統は滅んでしまう」。

私は、そんな能作の思いを受け継いだ二人の従業員と話した。

一人は梅田泰輔《たいすけ》(35)だ。愛知県の大学を卒業した後、「能作」に入社した。今は鋳型を作っている。ガンダムのお猪口など、鋳型からスズの商品を作る。

入社したのは「能作」がちょうど、新たな商品開発を本格化したころだった。つまり、右肩上がりに急成長する出発点だ。

「私が入ったころは若手が珍しく、県外からの就職者ということで、地元の新聞にも取り上げられました」

能作への入社については、両親や大学の恩師はあまり望んでいなかったという。

「きつい、汚い、危険の『3K』職場だと思われていたのです。しかし、それから一〇年経ちイメージが一新しました。ジェイアール名古屋タカシマヤに直営店ができるので、そこに両親に来てもらいたい。親にいい会社に入ったと思ってもらう。それが親孝行です」

梅田は高岡で知り合った陶芸家の妻と結婚した。今は五歳と三歳の子どもがいる。

「高岡銅器を、全国のほかの地域の人が視察に来るのです。誇らしい気持ちになります」

そしてもう一人話したのは、平戸英寛《ひらとひでお》(32)だ。鳥取県で万年筆を製造するメーカーに勤務していたが、三年前に「能作」に入った。鋳物の最終工程の一つである「磨き」を担当している。「同世代の若い人が多い。気軽に伝統的な技術を教えてもらい、感謝している。それに、銅器のほかの会社の人にも技術を教えてもらっている」

平戸も高岡で知り合った茨城出身の女性と結婚している。

海外進出という「雪道の轍」

能作は、高岡の老舗で生まれた若手や県外からやってきた若者に多大な影響を与えているが、「雪道に轍《わだち》」をつくる仕事はまだ終わっていない。海外展開である。

「海外へ行って得たことは、日本のものづくりは世界一だということです。世界のブランドを目指して海外にチャレンジしています」と強調。金属に対する評価は欧米のほうが高いので、日本以上に浸透する可能性があると話す。

海外の展示会には何度も出品している。イタリア・ミラノには直営店をオープンした。今後は、そのほかでも出店を検討している。

ただ、「日本で売れているからといって、そのままを出しても売れない。海外の文化に合った商品を出すべきだ」というのが持論だ。

海外の文化に合わせるために、何をすべきか。能作はフランス人のデザイナーを起用した。その人にデザインしてもらったところ、商品は三つ星レストランなどで次々に採用されているという。

能作はこうした経験を、高岡の若手に伝えるのも自分の役回りだと説明する。

能作は世界に攻める姿勢を見せながらも、あくまで高岡にこだわる。一七年四月、本社を市内の別の場所に移転する。産業観光の拠点にする方針だ。ものづくりの現場を公開する見学コースを設ける。そこでは、一一〇〇度の高熱で溶かした金属を鋳型に流し込む工程などが間近に見られる。また、体験工房や鋳物の食器を使ったレストランなども設置する。

「県外からの観光客やインバウンドにも来てもらいたいのですが、一番来てほしいのは、地元の子どもです。高岡銅器ってすごい、と伝えたい」

伝統工芸のイメージは徐々に変化している。能作の思いが形になりつつある。地域、そして産業の衰退を食い止めるのは、やはり〝火種〟を持った人が不可欠だ。能作は私にそれを教えてくれた。

＊

新本社建設から二年たった一九年三月現在、工場見学ツアーは大人気で、全国から年間一〇万人が訪れている。高岡市でも屈指の観光スポットに大化けした。仕事を見てもらうことで職人のやる気も出ているという。

左●株式会社玉造温泉まちデコの角幸治代表取締役
右●玉湯町を流れる玉湯川沿いに旅館が建ち並ぶ（写真提供：玉造温泉まちデコ）

島根・
玉造温泉を変えた
「改革の志」

（島根県松江市）

取材：2017年1月

再生仕掛け人の〝しくじり人生〟

「ゴーストタウンでした。とにかくお客さんが歩いていない。土産物店もどんどん潰れていました」

島根県の玉造《たまつくり》温泉、再生の仕掛け人、角幸治《すみゆきはる》(43)は、一〇年前を振り返る。

出雲《いずも》大社と松江城という観光地に近く、隆盛を誇った玉造温泉。山陰屈指の温泉で、日本最古の湯の一つだ。この玉造温泉は、一九九二年に大きな転機を迎える。米子自動車道が開通したのだ。岡山や鳥取からの観光客の増加が見込まれる。

そこで、玉造温泉の老舗旅館は次々に設備投資を行い、大型化を図った。チャンス到来と思った投資だったが、それが裏目に出た。時代のトレンドは団体旅行から個人旅行へとシフトしていた。つまり、団体が旅をするのではなく、個人が旅をする時代が到来したのだ。潮流を読み違えた代償は小さくない。二〇〇一年以降、観光客が減り続け、〇五年には一五ある旅館のうち、四軒の旅館が経営破綻した。

「このままでは一三〇〇年続いてきた玉造温泉がなくなってしまう」

その危機感が住民の間で広まり、再生への取り組みが始まった。それは、行政のお仕着せではなく、地べたから湧き出る情熱が発露されたものだ。

その効果は今、確実に現れている。団体旅行が中心だったときとは状況は大きく変わり、今では若い女性など多くの個人旅行客が訪れる。わずか一〇年で温泉街は蘇えった。住民発の〝変革〟は、いかにして成し遂げられたのか。

そのキーパーソンこそ、角だ。角は玉造温泉がある玉湯町と合併する前の松江市で生まれた。地元の高校卒業後、五年で実に一二回も転職している。決して優等生ではなく、自分探しを続ける青年だった。そんななか、たどり着いたのは、ブライダル関連の仕事だった。仕事自体にはやりがいを感じ、成果を出していた。ところが、三年程経つと、別の部署へ異動を命じられた。その部署はなんと葬儀部門。「結婚式の仕事は楽しくて一生の仕事にしようと思っていた。それなのになぜ異動なんだ」と落ち込んだ。リストラの憂き目を見た。結局、その会社を辞め、二六歳で玉造温泉にある名門旅館に転職した。

「拾ってくれたこの旅館に恩返しをしたい」

そんな思いで、愚直に働いた。旅館では、その仕事ぶりが評価され、出世した。旅館を宣伝するため、数百万円単位の予算の仕事を任されたりもした。仕事は順調だった。

働きながら痛感したのは、観光客が減り、温泉街に並ぶ店が廃業していく現実だ。

「最終的には、うちの旅館や玉造の町自体が潰れてしまうのではないか。歴史ある土地を再び活気づけたい」

そんな思いを抱くようになった。

そしてある日、決断した。温泉街全体の再生に取り組むため、町の観光協会に職員として飛び込んだのだ。三四歳のときである。

「社長を説得するのに三ヵ月ほどかかったが、社長も危機感を共有していた」

出雲国風土記から「美肌の湯」に照準

実はこの二ヵ月前、もう一人のキーパーソン、周藤実《すとうみのる》（70）も玉造温泉再生に〝参戦〟していた。周藤は、松江市と合併する前の旧玉湯町の助役を務めていたが、行政マンとしては珍しい改革派だった。温泉の経営者たちからの信頼も厚く、観光協会事務局長の就任を要請された。当初は渋っていた周藤だが、玉造温泉の先行きに強い危機感を抱いていた。

「玉湯町は温泉という観光地があるため、財源が豊かで独立していた。助役として合併を推進したのだが、五軒目、六軒目の経営破綻が出たら、本当に消滅しかねない」

結局、松江観光協会玉造温泉支部の事務局長に就任した。周藤と角の師弟コンビが誕生した。松江観光協会玉造温泉支部には、松江市の職員もいたが、新しい挑戦をする気風がなかった。そこで、周藤は組織改革を断行した。観光協会について、行政から切り離して民間組織に衣替えしたのである。

また、観光協会と旅館組合の間で、役割分担も徹底した。観光協会は、イベントの企画や収益事業などを担当。旅館組合は観光協会が行うイベントの広報やプロモーションをする役割になった。その結果、事業の重複や予算の無駄を省くことができた。

ちょうどそのころ、玉造温泉街の旅館の経営者など六人が出資して「玉造温泉まちデコ」という会社を設立した。行政に頼らず身銭を切ってつくった。それは、経営者たちの危機感を表している。

角は観光協会に勤めながらこの会社の社員にもなったが、その後過半数の株を買い取って社長に就任した。

周藤と角は松江市も含めて、一緒にまず温泉街をどのようにイメージチェンジするかを議論した。ハード、ソフトの両面から、方向性、テーマ性を決定して、それに合わせたまちづくりが重要だと感じたのだ。いろいろなアイデアが出たが、どれも二番煎じだった。

「大正ロマンの街、映画『ALWAYS 三丁目の夕日』などをイメージしたまちづくりなど、いろんな意見が出ました。この街にしかないオンリーワンの観光素材を使わなければ、他の温泉街などに埋没してしまうと思いました」

角は当時の様子をこう振り返る。

そんなとき、周藤が提案したのが、「美肌の湯」「神の湯」というイメージ戦略だ。奈良時代の七三三年に編纂された『出雲国風土記』に記されているという。

そこでは、一度入浴すると顔や肌が美しくなり、再びつかると万病が治る「神の湯」だったと伝えている。「ターゲットは二〇代、三〇代の女性」。周藤は宣言した。

「先祖が遺してくれた最高の素材が美肌の湯だ。一三〇〇年前のご先祖様を生かしたまちづくりをしよう」

当時は温泉街では「周藤はついに神頼みか。一三〇〇年前という知らない世界をどのようにまちづくりに生かすのか」という冷ややかな見方もあったという。

しかし、最終的には周藤の意見は周囲を納得させた。こうして、玉造温泉は「美肌・姫神の湯」を掲げて、松江市と一緒にまちづくり事業をスタートすることにした。『出雲国風土記』をベースにして、美肌を売りにして、若い女性に照準を当てた。その際、科学的な根拠があれば、より強力な武器になる。それを提案したのは、角だ。そこで、専門機関に依頼して、玉造温泉の湯質を調べてもらった。すると、八週間肌に使うと、水分量が大幅に上昇することがわかった。「肌に潤いを与える」という評価を受けたのだ。

温泉発の化粧品で年商三億円

満を持して稼ぐチャンスが到来した。前述した温泉街の経営者らがつくった「玉造温泉まちデコ」、観光協会、そして松江市。その三者が協力して新たに「玉造温泉美肌研究所　姫ラボ」という名前の店を立ち上げた。温泉の湯を使った石けんやハンドクリームなど、およそ一五の化粧品を開発したのである。角はその責任者となった。

その際に採用したのは、藤田智加《ちか》（35）だ。藤田は松江市出身なのだが、高校卒業後、沖縄や北海道で放浪生活を送った異色の経歴の持ち主だ。

角は「当時二〇代だった藤田が女性として、どんな化粧品を使いたいのか。藤田の目線を重視して、販売戦略を任せた」と振り返る。

例えば、化粧品の販売場所。それぞれの旅館が自分たちの売店に置くという案もあったが、藤田は「旅館の売店で化粧品を買いたくない。化粧品とは毎日使うものだ。対面で話を聞いてからではないと買いたくない。それに、その化粧品しか売っていないお店があれば、ブランド化できる」と主張した。その話を聞いた角は大いに納得した。

結果として〝藤田目線〟が女性客の心に響いた。パッケージや値段、店舗の雰囲気なども、藤田が決めた。さらには、インターネットでの販売も巧みな戦略を練った。

注文を受けると、化粧品の箱の中には、手書きで顧客の名前や担当者の名前を書いた。女性の心を鷲づかみにし、リピート客は急ピッチで増えた。

販売開始からわずか六年で、店舗やインターネットなどの年商は三億円ほどになった。当初二人だった従業員は今では四〇人に上る。しかも、そのうちの九割が女性だ。

お土産用の化粧品が旅行の後も日常的に使われ、口コミで普及。美肌温泉特集などの雑誌やテレビにも取り上げられ、若い女性客が殺到する仕組みを構築したのだ。

角は販売好調の原因について、こう分析する。

「意図せず、ネット通販と土産店のいいとこ取りとなった」

つまり、通販はリピート客を獲得しやすいが、初回の購入にはハードルがある。一方、土産店は初回の購入はしやすいが、顧客が温泉地に再び来て、リピート客になるのは簡単ではない。ネット通販と専門店を出し、双方の長所をすくい取ったというのだ。

無人で温泉の湯をテイクアウト

私は一六年四月と一七年一月、角と一緒に二度この地を歩いた。見るものすべてが新鮮だった。四半世紀前に時事通信社の記者として島根に赴任していた当時の玉造温泉とは、様相が一変していたからだ。そのときの玉造温泉は浴衣を着た男性が主流で、女性はあまりいなかった。しかし、今は色とりどりの浴衣を着た若い女性が往来する。

玉造温泉を歩くと、至る所にお金を生み出す仕掛けがある。

私は無人で温泉のお湯を販売する一角に関心を持った。温泉が湧き出る水飲み場のようなところがあり、その横には、小さなボトルが置いてある。

ボトルに入れて温泉水を持ち帰れば、土産になる。スプレーが先端についているので、顔にかければ化粧水代わりにもなる。価格は二〇〇円だ。人件費もかからない販売所である。ボトルの原価が八〇円なので、一二〇円の儲けである。年間一二〇〇万円の売り上げになる。

この事業はなぜ始まったのか。角は語る。

「これも周藤さんのアイデアです。周藤さんは、温泉街には源泉が湧くスポットがあり、二人の女性観光客がペットボトルに汲んでいる姿を見かけました。話を聞くと、昨夜入った温泉があまりに良かったので、自宅に持って帰るのだそうです。そこで、美肌温泉をテイクアウトできる事業が誕生しました」

周藤は観光客の動きを観察して、お金儲けに結び付けたのだ。私はその発想の柔軟さに驚いた。

町の中心部を流れる小川のほとりには、小袋に入った鯉のエサが置いてある。料金は一〇〇円。貯金箱のような箱にお金を入れ、エサを購入する観光客は後を絶たない。

角は「この店で働いているのは、接客が未経験の地元のシルバー(高齢者)です。温泉水の販売などで、儲けたお金で有償ボランティアをやってもらっています」と説明してくれた。

ボランティアの数は三〇人。コーヒーは一杯一〇〇円だ。この事業は一一年に開始した。来客数は当初、年間二万人だったが、一六年には一〇万人を超えている。

また、お金儲けではないが、橋の上には、写真を撮るためにスマホを置く台が設置されていた。そこでは若いカップルが笑顔で立ちVサインを出していた。それはいわば、観光客へのサービスだ。

角は「何か大きなことをやったわけではありません。地道にコツコツできることをやったのです。収益事業の売り上げは、お客様に喜んでいただいた結果、いただけるご褒美です」と説明する。そのうえで、「自分たちの武器は何かと考えた。それは温泉だ。温泉を広く普及するために何ができるのか。自ずと、コスメになったり、ボトルになったりした」と総括する。

こうした経営努力によって、観光協会の自主財源は二〇〇〇万円以上増えた。その結果、補助金の依存率は〇七年には八二パーセントだったが、一五年には五三パーセントにまで低下した。いわば自立を目指す観光協会に生まれ変わったのだ。

人が集い、お金を生み出すシステム。玉造温泉はこの好循環を実現したわけだが、その象徴的な存在は、玉作湯《たまつくりゆ》神社だ。

「一〇年前は年間一〇〇人の参拝数でしたが、今では二〇万人です」

角が語るその数字に、私は驚愕した。女性の観光客の心をとらえるストーリーをアピールして実現したという。

「観光客が行きたくなるような目的地をつくることにしました。ハコモノは予算ばかりかかり、どれほど効果があるかわからない。そこで、地域の観光資源である玉作湯神社をプロデュースしたのです」

注目したのは、昔から境内に奉られていた「石」だ。その石は「願い石」と言われていたが、地元ではすでに、忘れさられていた。

願い石は、触って祈れば願いが叶うとされているが、新たに「叶い石」というお守りを作って販売した。「願い石」からパワーを授かり、お守りとして持って帰るというものだ。

「叶い石」には、願い事を書く「願い札」が一緒に入っている。

この「叶い石」は、女性たちを魅了した。二〇万人が参拝する神社があれば、観光客の動線ができる。すると、そこにお店が出店するようになる好循環を実現したのだ。角は「一〇年前は補助金で出店する店がありましたが、補助金の期間が過ぎると、ほとんど撤退していました。その状況が一変したのです。温泉街に店がないから人が歩かないのではなく、町に魅力さえあれば、自ずと人が歩き、店が増える」と説明した。

私の手元には、〇六年と一五年を比較した数字がある。玉造温泉の店舗は、一八店が三八店になった。年間の観光客数は八五万人から一〇五万人。驚くべきは旅館の部屋の稼働率だ。四三パーセントが七三パーセントに跳ね上がっている。数字に裏付けられた賑わい復活だ。

観光客の増加で地元愛が高まる

玉造温泉旅館協同組合組合長の皆美《みなみ》佳邦《よしくに》(59)は、前述した「玉造温泉まちデコ」の出資者の一人だ。ポケットマネーで一〇〇万円を出した。その背景には危機感があった。

「バブル崩壊後、急激に旅行の価値観が変わった。男性客が団体旅行でコンパニオンを呼んで旅行するスタイルから、個人がじっくり旅行する手法に変わった。こうした旅行の変化を踏まえると、一旅館だけではなく、玉造温泉全体が変わる必要があった」

つまり、玉造温泉のように大消費地の東京や大阪から離れている温泉は、個々の旅館というより、温泉地全体が魅力的にならなければ、顧客に選ばれないというのだ。

旅館だけではない。皆美にとってうれしいのは、玉造温泉街に外部から来た人がケーキ店やたこ焼き店を開店したことだ。人が歩き、町が賑わったのだ。

皆美は角たちの改革について「小さな失敗はいい。若い人にやらせてみようと思いました」と振り返る。

こうした周藤や角が〝火種〟となって、温泉街の従業員や住民の意識が変わった。「姫ラボ」

の従業員らは、出勤や退勤の際、駐車場からお店まで歩きながら、ゴミ拾いをしている。また、他の店の従業員も通勤のときにゴミ拾いをする。さらに、「玉造温泉のどの旅館に泊まっても、玉造温泉の客はすべて自分たちの客」という意識が芽生え、町をきれいにしたいと思い始めたのだ。

温泉街を貫く玉湯川では地域のシルバーがボランティアで草刈りを行うようになった。観光客の増加で、地元愛が高まった。

一六年一一月、うれしいニュースが飛び込んできた。全国に温泉の魅力や効能を広めようと初めて開催された「温泉総選挙」で、玉造温泉が「うる肌部門」の全国一位になったのだ。また、温泉保護などに尽力したとして「環境大臣賞」にも選ばれた。

「日本一の過疎県」と揶揄《やゆ》されていた島根でも、改革の芽は出てきている。大事なのは、現場から湧き出た改革の志、そして夢のあるストーリーを紡ぐ努力である。住民が危機感を抱き、独自性を持った改革をすれば、地域は必ず再生する。

第二章

「ローカル」と「グローバル」が直結する時代

左●株式会社美ら地球の山田拓代表取締役
右●飛騨里山サイクリングに参加する外国人観光客たち

飛騨の里山に欧米人観光客が殺到する理由
（岐阜県飛騨市）

取材：2016年11月

里山サイクリングに年間三〇〇〇人

大ヒット映画アニメ「君の名は。」では架空の田舎町が舞台となっているが、それは実は岐阜県飛騨《ひだ》市の飛騨《ひだ》古川だ。

その町に異変が起きている。一人の「よそ者」が〝火種〟になった。私は晩秋の週末にかけて、その〝火種〟と会うため、現地に赴いた。

山田拓《たく》、四二歳。地元で観光コンサルタント会社「美ら地球《ちゅぼし》」を営んでいる。町の観光マップにも記載されており、ホテルの受付の女性も「山田さんのところですね」と場所を教えてくれた。町にすっかりなじんでいるようだ。

異色の経歴の持ち主だ。奈良県生まれで、横浜国立大学大学院を修了した。五年間アメリカのコンサルタント会社で働いた後、妻の慈芳《しほ》と一緒に、二年間にわたり、アフリカや南米など世界を放浪した。帰国後、たどり着いたのは、飛騨古川だ。

「飛騨の日常が、世界の興味の対象になっている。飛騨をオーストラリアのケアンズのような世界的な観光都市にしたい」と語る山田。「クールな田舎をプロデュースする」と標榜する。彼の仕掛けが実を結び、カラフルなマウンテンバイクに乗った欧米人が駆け抜けていく。それが日常風景となり、町に溶け込んでいる。

里山をサイクリングで回るツアー「飛騨里山サイクリング」である。世界規模の口コミサイト「トリップアドバイザー」で外国人観光客の満足度一〇〇パーセントを獲得した。参加者の七割近くが外国人だ。大半が欧米人だという。今ではこの里山サイクリングは年間三〇〇〇人が利用する。

このツアー、自転車で有名観光スポットだけを回る類のものではない。里山の日常生活を体験してもらうツアーだ。外国人観光客がガイドと一緒に、自転車で通りかかると、住民たちが「トマトを持っていって」「家の中を見て」「家でお茶を飲もう」と声をかける。そうした飛騨の日常生活がツアーの魅力になっている。ガイドは通訳をし、外国人観光客と地元の住民の橋渡しを行う。

取材に行った際、このツアーに同行させてもらった。午後二時スタート。五人の参加者は全員がアメリカ人だった。女性三人と男性二人。ガイドが先頭になって自転車をこぐ。まずは白壁の土蔵造りの家のそばを流れる瀬戸川沿いを見学した。この川には鯉が泳いでいるが、ガイドは「昔は汚い川だったが、今ではこんなにきれいになった」と説明。すると参加者からは驚嘆の声が上がった。

参加者が大いに喜んだのは、通りがかりの農家が全員に柿をプレゼントした際だ。参加者はガイドに通訳をしてもらって笑顔で住民と言葉を交わす。その後、飛騨牛の牛舎を見学した。「アメリカでも有名な松阪牛や神戸牛とどう違うのか」そんな質問が飛んでいた。

このコースは二時間半。「ハーフ」で、料金は四七〇〇円。三時間半のスタンダードコースは七三〇〇円だ。

山田は「外国人観光客は景色、住民、ガイドについて『グレート』だといって評価する。飛騨古川だけでなく、日本は世界的に見れば、『モテ期』だ。このままでは宝の持ち腐れのような気がする。地域資源などを商品化してもっと磨くべきだ」と訴える。

田舎の原風景をビジネスにした

ガイドはほとんどが飛騨とは縁もゆかりもないIターン組である。経歴はさまざまだ。プロのツアーガイドもいれば、元営業マン、さらには、五つ星ホテルの元コンシェルジュもいる。ただ、一年以上海外経験があり、「田舎」に住みたいという思いは共通している。

そのうちの一人、松尾和久《まつおかずひさ》は東京出身の四二歳。二〇一〇年五月に入社した。かつてニュージーランドに滞在し、その後、帰国。長野県の白馬村でガイド兼スキーのインストラクターを務めた経歴をもつ。

二年ほど前、かねてから付き合っていた神奈川県の女性と結婚し、子どもをもうけた。飛騨古川では、松尾含めて三人の人口が増えた計算だ。

「毎日、違ったお客を案内し、非常にやりがいがある。体験型のガイドをやりたいと思っていた自分に合っている。雪の町が好きで、ずっと住み続けたい」

この「美ら地球」の社員はガイドなど合わせて一五人だ。インターネットで、情報を見つけ、応募してくるケースが多いという。

山田は持続的なビジネスにすることに腐心する。

「予約システムや顧客管理、収益管理、コスト計算などをクラウドコンピューターなどで行っている」

単に自転車とガイドを揃えれば、できるビジネスではない。また、地元に根付くことも意識する。

「この町は小さいだけに、人とのつながりが大事になってくる。顔をお互いに知っている。悪いことはできず、ときには一升瓶が通貨の代わりになる社会です（笑）」

ビジネスをどのように伸ばし、地域を活性化させるべきか。山田は持論を展開する。

「現時点では、飛騨古川を訪れる観光客は大半が飛騨高山に電車で戻って泊まる。飛騨古川に泊まってもらえるにはどうすべきか。飛騨古川の地域全体としてこうした状況をどのように変えるのか。外国人旅行者に少しでも長く滞在してもらうためには何を提案すべきか。まだまだ検討が必要だ。里山サイクリングだけでは不十分です。宿泊プランの多様化も大事だ」

当初は口コミサイトなどのネット経由での申し込みが大半だったが、今では、旅行会社経由も四〇パーセントほどある。つまり、旅行業として認知されるようになったのだ。山田自身、シンガポールなど海外に出向いてセールスをかけることもある。

山田はまた、空き家の再生事業に取り組んでいる。二〇〇九年一一月に始めた「飛騨民家のお手入れお助け隊」だ。全国から募ったボランティアが古民家を磨き上げる。

参加者は、普段入れない古民家を訪れ、建築材の素晴らしさを実感できる。米ぬかなどの油で、柱や梁などを磨くと、顔が映るほど黒光りする。家を長持ちさせる昔からのやり方だ。「ビジネスとしての収益はないが、地域の人に古民家の大切さを実感してもらいたいので始めた。私は新興住宅街のプレハブ造りの家で育ったので、飛騨を訪れた際に、古民家が多く残っていることに驚いた。田舎の原風景には、伝統的な木造建築が欠かせない重要な要素だ」

実際、昔の家は柱も梁も太く、しっかりした建物だ。しかし、このまま高齢化が進めば空き家が増え、次々に取り壊されるのは避けられない。

この地で三〇〇〇軒もの古民家を調査した山田は危機感を抱いているが、住民はそれほどでもないという。

「人が減っていき、高齢化率が高くなっても、実は住んでいる人にとっては、それほどの危機感につながっていない」

外から見て古民家の重要性を痛感する山田と、地元住民との意識の乖離があるのだ。

山田はまた、地元の建設会社と組んで、空き家を改修して企業に使ってもらう「飛騨里山オフィス」のプロジェクトも行う。実際にＩＴ企業のカスタマーサポートセンターが三週間ほど滞在したという。延べ八〇人がそこで仕事をしながら生活したのだ。

飛騨古川での経験を通じて山田はこう強調する。

「過疎や高齢化が進む田舎をいかに存続させるか。それには、交流人口を増やすことが重要です。その結果、新しい産業や雇用が生まれるかもしれない。ボランティアに依存した地域おこしには限界がある。地域の住民、旅行者、移住者のみんなが喜ぶ枠組みを作りたい」

なぜ、山田はこうした田舎の原風景を「ビジネス」としたのか。冒頭で紹介した山田夫婦の放浪生活が契機となる。その旅での経験がサイクリングツアーに直結している。南アフリカでは、夫婦は馬に乗って集落を回る二泊三日のツアーに参加した。ガイドもなく、自分で馬に乗る。途中で集落に立ち寄ると、地元のおばさんが料理を振る舞ってくれる。

また、近くの天然プールに飛び込んだり、夜は地元の人々が民族舞踊を踊ってくれるなど、集落の人と交わり、集落の人と触れ合えるツアーだった。宿泊は集落のはずれのスペースにテントを張って寝た。

メキシコの南にあるカリブ海に面したベリーズという国にも訪れた。そこでは山間の集落をめぐるツアーに参加した。昼と夜は現地の一般家庭に招待してもらい、食事をとった。電気や水道もなく、ろうそくだけで一晩過ごす。薪を燃やして、かまどでトルティーヤが振る舞われた。こうした旅をした山田はこんな持論がある。

「本当に洗練された旅は、どれだけ地域らしさに触れられるかどうかだ」

飛騨古川で出会ったキーパーソン

山田夫婦は田舎に住もうと決意し、帰国した。農村の古い民家があるような日本の原風景に憧れたのだ。どこの農村に住むのか。最初は長野から探した。四～五ヵ月いろいろ見て回ったが、なかなか決まらない。

こうした中、山田は二〇〇六年八月上旬、妻と一緒に、知人の紹介で飛騨古川に住む村坂有造《むらさかゆうぞう》の下を訪ねた。村坂は長年まちづくりに取り組んできた人物だった。合併で飛騨市になる前の旧古川町では、観光協会会長も務めていた。

山田夫婦は村坂の案内で、白壁の土蔵で知られる町並みや自然を見学し、「これだ」とピンときた。生活空間として古民家があり、田畑、里山もある日本の原風景だ。「すごい素材がたくさんあり、世界に誇れる日本の宝。移住したい」と打ち明けると、村坂はそっけなかった。「あなたのような若者が飛騨古川を見てくれるのはうれしい。でも夏場の今はいいが、冬場は雪が多い。生活するのは大変だから、移住はやめたほうがいい。帰りなさい」

山田はいったん帰ったが、思いは募るばかりだった。妊娠していた妻を残して、月に一～二回は訪れ、飛騨古川で空き家を探した。それでも村坂の姿勢は変わらない。

村坂は、飛騨古川のまちづくりを思う気持ちが人一倍強い。村坂は東京の大学を卒業後、地元に戻った。その当時、このままでは商店街がなくなってしまう、と危機感を抱いた。そして、「ふるさとに愛と誇りを」をテーマに、さまざまな視点から、地域づくりに取り組んだ。鯉が放流された瀬戸川の景観の整備や、町並みの景観の向上など、村坂の取り組みは全国的に注目を浴び、観光庁の「観光カリスマ百選」にも選ばれた。「息づかいのある」まちづくりを実践してきた村坂は、山田の情熱に次第に動かされるようになった。

一方、山田は「飛騨古川に住むにはまず、村坂さんに受け入れてもらうしかない」と思って、策を練った。村坂は印刷会社の経営者ということもあり、山田は「外国人向けに飛騨地方の情報を盛り込んだガイドブックを作りませんか」ともちかけた。

村坂はその提案を一蹴した。落胆した山田は車で帰路についた。当時住んでいた妻の実家である神奈川県川崎市に近づくと、携帯が車内に鳴り響いた。村坂からの電話だった。

「観光協会の会長の就任を要請されている。あなたがアドバイザーにつくなら受けようと思っている」

村坂は合併した飛騨市の観光協会会長に就任するにあたり、山田をアドバイザーとして指名したいという申し出だった。

山田は飛騨古川の中心部に築一〇〇年の町屋づくりの古民家を購入し、移住した。長年の空き家で、台所の窓は割れていて、紙が貼られていた。入居直後に水道が凍結するなど、飛騨の冬はやはり厳しかった。

それから観光協会のアドバイザーとして山田は村坂の指示の下で、外国人観光客をターゲットにした地域観光の戦略作りに深く関与した。

いかにして外国人観光客を呼び込むか。「世界に通じる飛騨市を目指して」というスローガンを掲げて、基本計画を練った。地元の魅力をアピールできるプログラムが必要だった。有名観光地を回る団体旅行ではなく、交流体験型の旅を好む欧米の個人旅行者をターゲットに絞った戦略だ。

どんな体験プログラムが可能か。雪中酒、雪まつり、飛騨牛、地歌舞伎《じかぶき》など、地域資源は豊富だった。山田は住民に「どなたか継続的にやってみてはいかがですか」と呼びかけたものの、誰も手を挙げなかった。

「それなら、自分でやるしかない」

山田は決断した。それで二〇〇九年秋に始めたのが「飛騨里山サイクリング」だ。

当初は自転車三台。ガイド付きのツアーではなかった。旅行者が地図を持って、自分で回る手法だった。

「京都ならそれでも経営的に成り立つかもしれないが、飛騨を訪れる観光客はそれほど多くない。もっと付加価値が必要だと思って、ガイドを付けることにしました」

それから七年。サイクリングツアーは人気となり、定住人口や交流人口を増やしたということでは成果が上がっているわけだが、決して先行きを楽観視していない。

「飛騨は過去六〇年ほど人口が減り続けている。そうした大きな地域全体の人口減少の中で、我々の取り組みはまだまだ、小さい」

山田は「世界の宝物」の飛騨古川をもっと磨く気持ちが強いようだ。

「交流体験型」の観光　県外にも波及

そんな山田の動きに注目したのは、お隣の富山県観光課課長補佐だった宮崎一郎だ。

「丁稚奉公させ、富山にも同じような外国人観光客を増やす拠点をつくろう」

そんな富山県の戦略で白羽の矢が立ったのは、二九歳の原井《はらい》紗友里《さゆり》だ。私は宮崎の案内で原井に会った。

原井は富山市出身。東京の大学を卒業後、四年間、中国・青島《チンタオ》の日本人学校で教師として働いて富山にUターンした。目の当たりにしたのは、外国人観光客が石川県の金沢市や岐阜県の飛騨地方を訪れるにもかかわらず、富山を素通りする実態だ。

「上京した際、富山には帰らないつもりでしたが、中国に滞在して富山はいいところだと再認識しました」

観光業を志した原井は、宮崎らが創設した「とやま観光未来創造塾」に入った。そして、二〇一五年七月から一二月まで「美ら地球」で研修を受けた。

「山田さんには、厳しく鍛えられました。どのようなツアー商品を作り、どのように売り込むのか、学びました。飛騨古川では、何もないところに感動する外国人を見て、驚きました。研修を通じて、富山でどんなビジネスができるのか、検討しました」

その後、二〇一六年四月に富山市八尾《やつお》町で、「越中八尾ベースOYATSU（おやつ）」と呼ばれる観光施設をオープンした。一八七二年に建設された旧紙問屋の古民家だ。富山市が所有していたが、今回改装して開業にこぎつけた。

ここでは、着付け、三味線、茶道、雑巾がけなど「町人文化」を体験できるプログラムを導入した。それが外国人に人気となり、二〇一六年六月からは宿泊サービスも始めた。地元の八尾の人々は協力的だ。三味線や茶道の先生役を務めたり、着物、古い家具、掛け軸、行灯《あんどん》などを寄付してくれた。

この町は、「おわら風《かぜ》の盆《ぼん》」で知られているが、原井は「『おわら風の盆』の際には、観光客が殺到しますが、通常観光客がまばらなのが残念です。古い町並みや豊かな町人文化が残っているので、通年で観光客を呼び込みたい」と抱負を語る。

外国人観光客については、欧米人が多い「美ら地球」との違いを打ち出し、台湾、香港、中国などの顧客をターゲットにしたいと強調。

「最初の訪日で富山まで足を運んでもらうのは簡単ではありません。何度も来日している中華圏のリピーターの顧客に関心をもってもらいたい」

宿泊施設では、半分ぐらいが外国人で、香港の人が目立つという。ただ、現時点で、この施設だけでは、黒字ではない。原井は、富山の特産品を海外に売る販路開拓コンサルティングもしていて、事業全体として収支を安定させている。地元の若手を一人採用しているが、「今後は八尾町全体で、外国人を呼び込むプログラムを展開したい」と意欲的だ。

日常を味わえる観光。それを繰り返し訴える山田の思いは、原井に受け継がれている。山田は「飛騨でやっていることを全国各地に広げたい。海岸沿いの漁師町では、漁師の日常生活を味わえるツアーも考えられる。人材がいないとできないが、富山、石川の人などとも連携して面白いことをやりたい」と戦略を練る。

左●株式会社Archisの松浦奈津子社長（左）と原亜紀夫副社長
右●アルマーニ・ホテルのセラーに並ぶ「夢雀」（写真提供：Archis）

山口から
世界へ広がる
「日本酒革命」
（山口県山口市・岩国市）

取材：2017年8月

ドバイでの勝負――「一本六〇万円」

この人には、この話から始めるべきだ。山口県のベンチャー商社「ARCHIS（アーキス）」社長の松浦奈津子《まつうらなつこ》（36）が勝負の地として選んだのは、アラブ首長国連邦のドバイだった。世界一の高さの高層ビル、ブルジュ・ハリファに入るアルマーニ・ホテルは、世界的デザイナーのジョルジオ・アルマーニがデザインした超高級ホテルだ。

二〇一六年一〇月、このホテルに松浦の姿があった。真剣勝負の商談だった。松浦が全幅の信頼を置いている「アーキス」副社長の原亜紀夫《はらあきお》（48）も部屋にいた。元商社マンで英語が堪能。交渉は手慣れている。テーブルには、松浦と原の夢が詰まった日本酒「夢雀《むじゃく》」が置かれている。

相手は利き酒の世界では超大物の男だ。ワインだけでなく、数多くの日本酒を飲み、「酒ソムリエ・オブ・ザ・イヤー」という華々しい経歴を持つ。

その男が「夢雀」を試飲する時間となった。酒の味を知る百戦錬磨の〝強者〟がワイングラスを揺らした。そしておもむろに口につけた。緊張した空気が部屋を覆った後、男の顔には笑みがこぼれた。

「ファンタスティック、アメイジング。今まで飲んだどの酒より香りも良く、フルーティーだ」

松浦と原の緊張がほぐれた。その場で納入が決まった。

七五〇ミリリットルの「夢雀」は、ドバイで一本六〇万円で売られることになった。山口から出てきた二人は、「人生を賭けた勝負」に勝ったのだ。このホテルで「夢雀」は一六年、二四本販売された。

「『夢雀』をドンペリやロマネ・コンティのようにしたい。日本酒も、シャンペンや高級ワインのように値段の高いものがあってもいい」(松浦)

二人の夢が一歩前進した。

「夢雀」は一六年八月に発売された。日本での価格は八万八〇〇〇円。日本酒業界でかつてないほどの高い価格設定が話題となった。一〇〇〇本限定で、日本、香港、ドバイ、それにフランスの四ヵ国で販売された。

日本ではワインの収集家のほか、富裕層が贈答用に購入した。だが、松浦が力を入れているのは、海外である。最高の日本酒を海外に売り出して稼ぐ。そのパイプをどんどん太くしたい。それが、松浦の野望だ。今後五年間で、マカオ、シンガポール、上海、マレーシア、さらにはニューヨークで販売する計画を抱く。

松浦は日本酒について、全くの門外漢だ。しかも、山口県の山村で生まれ、山口県以外で暮らしたことがない。そんな女性が小さなベンチャー商社を立ち上げ、なぜ国際舞台で勝負するのか。私は八月のある週末、山口に向かった。

地元の雑誌記者から起業家へ

松浦は、岩国市錦町に生まれた。そこは、島根と広島の県境に近く、山口の中でも最も過疎の進んだ地域だった。「田屋《たや》には牛や鶏を飼っていて、米も卵も野菜も自給自足」というような田舎だった。山口県立大学を卒業後、地域情報誌の記者になった。二九歳のときに転機が訪れる。起業した。古民家の再生のビジネスだ。「おんなたちの古民家」という一般社団法人を作った。「古民家は壊したら二度と作れないのです。修繕して古民家を再生したい」。

古民家は修繕しなければならない。しかし、記者上がりの松浦にはノウハウがない。そのとき、手助けしてくれたのが、冒頭のシーンで出てくる、現・副社長の原だ。商社マンだったが、実家の建設会社を継ぐため、山口に戻っていた。

松浦は原を口説いて、自分の会社に入ってもらった。勝負に出たのは、二〇一三年一〇月だ。市郊外の山間地、阿東徳佐《あとうとくさ》地区で、「田楽庵《でんがくあん》」をオープンした。

「銀行から融資を受けて、古民家を購入しました。屋根と柱だけを残して内装を新築のようにし、露天風呂も作りました」（松浦）

一日一組想定の貸し切りの宿が誕生した。一面に田んぼが広がり、農業体験も用意されている。

松浦にとって、銀行からの融資を受けてまで実行する大プロジェクトである。正直不安いっぱいの挑戦だ。そうした局面でも、原は親切に松浦にアドバイスした。その後、二人は二人三脚で、地方創生の旗を掲げたプロジェクトに邁進した。

米どころの再生を目指す

「田楽庵」の地区は山口県内でも有数の米どころで知られている。しかし、多くの農家が頭を抱える問題があった。後継者不足だ。

「農家の人を盛り上げたい。そして農家の人の収入を少しでも増やしたい」(原)

あえて黒子役に徹することにした原は、松浦を前面に出し、さまざまな仕掛けを考えた。最初は、「田植えフェスティバル」だ。「田楽庵」の前の田んぼで田植えをした。大学生や若い社会人、家族連れなどが汗を流した。大事なのは、ファッション性を重視することだった。洒落たモンペ姿がポイントだ。音楽をガンガン流しながら、ノリのいい感じで田植えをした。

それから田植えと稲刈り、さらに雑草抜きと年に三回イベントを開いた。静かな農村に若者たちの声が響く。「ぜひ来てください」との松浦の呼びかけに応じ、総理大臣夫人の安倍《あべ》昭恵《あきえ》も第一回から参加した。すると、地元の知事や市長も参加。はじめ怪訝な顔色だった農家も、次第に楽しい様子になった。

「イベントだけで終わらせるな」。そう考えたのは、原だ。植えた苗を育てる農家に、減農薬、有機栽培をお願いした。「田植えをしたら、ヘリコプターで農薬をまいて、あとは稲刈りだけ。

そんな米を作っていても、勝負はできない。ブランド米として、超高級路線で売り出すべきだ」。原は自ら動いた。まずは流通ルートの構築だ。「スーツケースに米を入れて、東京の百貨店に売りに行きました。米と言えば東北、というのが東京の百貨店のイメージで、はじめは見向きもされませんでした。『とりあえず食べてください』とサンプルを置いたりしました」。

そんな中、東京・日本橋の髙島屋から打ち返しがあった。たまたまサンプルの米を食べた担当者が気に入ったのだ。「田楽米」と名付け、桐箱に入れて店頭に置かれることになった。二キログラム五〇〇〇円。日本一の超高級米として売り出した。これがヒットした。当時はちょうど、中国人の「爆買い」が絶頂期のころである。五〇〇〇箱が即日完売するほどの勢いだった。

さらに次の矢を放った。田楽米を使ったお菓子だ。地元企業と共同で作った「モチペッコ」。大阪の阪急うめだで驚くべき量の販売を達成した。東京ではブランド米、大阪ではお菓子。松浦と原は結果を出し、地元の農家の中で次第に頼りにされる存在になった。

松浦はこう振り返る。

「最初は農家の人たちにも、快く思わない人がかなりいました。とにかく、農家の人たちから信頼を勝ち取るのに必死でした。三五年ぶりに花火大会をやったりしました。そのための協賛金集めにも汗を流した。そんなことをしているうちに、次第に理解しあえるようになりました」（松浦）

一方、〝策士〟原は次の戦略を練る。

「加工食品などで米を大量に使うのは重要だが、ブランド米やお菓子だけでは限界がある。次

なる挑戦は、日本酒だ。超高級日本酒だ。海外では日本酒は安いイメージがあるが、それを一新したい」(原)

日本酒でビンテージを造る

世界に打ち出す日本一の高級日本酒をどこに造ってもらうか。山口県岩国市には、日本の名水として名高い錦川沿いに五つの酒蔵がある。「獺祭《だっさい》」で有名な旭酒造もこの地にある。この錦川の最上流にあるのが堀江酒場だ。創業一七六四年、山口県の酒蔵では最も歴史が古い。原は堀江酒場に目をつけた。そもそも、ワインのようなビンテージ酒を造りたいと思っていたからだ。そうしなければ、高い価格設定はできない。

この酒蔵の杜氏《とうじ》、堀江計全《かずまさ》は東京農業大学醸造科学科を卒業したが、大学時代から、日本酒を熟成させる技術を研究していた。つまり、ビンテージ酒の可能性を探っていたのだ。

原によれば、ビンテージ酒というのは、錦川のような硬水だからできる。しかも、それをやり遂げる腕前をもっているのは、堀江しかいない。ビンテージ酒で、世界に伍していくのは、堀江酒場しかない。

原は堀江酒場に出向くが、当初は相手にされなかった。地元向けの酒しか造っていない。それなのに突然、世界に打って出る酒を造ろうという話は、荒唐無稽に映ったようだ。それでも、原は何度も足を運んだ。

「米農家のためです。最高級の酒を造れば、農家の収入も増えます」。思いが通じた。堀江酒場は原の申し出を受けることにした。

原は日本の小さな酒蔵が潰れていく現状に危機感を抱いた。それを突破できるのは、海外だ。国内市場だけに目を向けていてはいけない。日本酒同士が争いあうより、むしろライバルはワインだ。

それでは、どの米を使って醸造するか。原が言い出したのは、イセヒカリだった。それは、知る人ぞ知る「奇跡の米」だった。一九八九年に三重県を台風が襲った。伊勢神宮の神田では、稲が軒並み倒されてしまった。その中で、二株だけ立って残っていた。不思議に思った宮司は、二株を山口県農業試験場に送り、鑑定を依頼した。

その結果わかったのは、コシヒカリの突然変異だということだ。台風にも負けない「奇跡の米」だ。イセヒカリと名付けられた。それをきっかけに、松浦の地元錦町では、農家がイセヒカリを栽培していた。

原はイセヒカリにこだわった。酒米と言えば山田錦が有名なのになぜか。

「海外で売り出す際には、ストーリーが必要なのです。日本と言えば、『神の国』と思っている外国人は多くいます。やはり、酒米にも、ストーリーが必要なのです。伊勢神宮の神田に植えられ、奇跡的に残った。それは重要なセールスポイントになります」（原）

一方、松浦もイセヒカリには愛着があった。父が育てていた品種だったからだ。

二人は堀江にイセヒカリを提案した。堀江は躊躇した。イセヒカリは、酒米に向いているかどうか全く未知数だったからだ。しかし、最終的には、堀江も納得した。

日本酒で使う米は、米の周囲を削り、磨いていく作業が必要になる。中心に近くなるほど雑味が取れ、香りが高くなる。磨いて、小さくなればなるほど、良質なのだ。五〇パーセント以下なら「大吟醸」と呼ばれるが、イセヒカリの場合、一八パーセントまで磨き込んだ。その結果、たんぱく質の含有率は三・六パーセントとなった。有名な酒米、山田錦でも三・五パーセント。酒米の王様と肩を並べたのだ。イセヒカリが酒米として使用できることがわかり、原料にすることを決めた。

米作りは錦町の農家の仕事となった。原は有機農法での栽培を依頼した。通常の農薬を使わないため、農家の手間暇は格段に増える。雑草の草むしりも必要になる。ただ、その日本酒を海外で販売するには、安心・安全の原料を使っていることになり、セールスポイントとなる。高い価格で売るための特徴なのだ。

一方、農家に負荷をかけている分、農家は高い値段で堀江酒場にイセヒカリを販売できる。「農家が豊かになる。農業を盛り上げたい」。イセヒカリを使うのは、そんな松浦と原の思いに合致している。

さまざまな戦略とは別に、有機農法の徹底で、思わぬ〝客〟が田んぼに訪れた。ニホンミツバチだ。わずかでも農薬があると、ニホンミツバチは現れない。今では田んぼのすぐ横にニホンミツバチの巣がある。農薬の臭いのない田んぼを楽しんでいるニホンミツバチの姿は、イセヒカリの安全性を何よりも雄弁に物語る。

錦町の米を使って、錦町の酒蔵が造る。「田舎の中の田舎」から世界で外貨を稼ぐ。松浦が理想としたやり方で、最高の日本酒を造り出す体制は整った。

賞味期限一年の壁を打破

原によれば、堀江は「日本酒業界の異端児」だ。日本酒の世界では、早く飲んだ方がおいしいという概念があり、一般的な日本酒の賞味期限は一年とされている。しかし、前述したように堀江はかねてから錦川の硬度の高い水を使って熟成酒造りを研究し、「賞味期限一年の壁」を打破しようと考えていた。

堀江は三ヵ月かけて醸造した。伝統的な製法で仕込んだ酒は、極上の純米大吟醸になった。それでは名前をどうするか。堀江酒場の代表的な銘柄「金雀《きんすずめ》」から「雀」の一文字をとった。そして、みんなの夢を乗せて世界に羽ばたけという思いを込めて「夢雀」となった。

冒頭で紹介したドバイの商談では、原は「夢雀」のストーリーを説いた。「奇跡の米で造った、安全安心の酒」というのが売り文句だった。味以外にも、こうしたストーリー性が不可欠というのが、原の信念だ。そして勝負には勝った。さらに、香港の最高級ホテル「マンダリンオリエンタル香港」でも販売好調だ。

「夢雀」は一七年に二年目を迎えた。一六年に醸造した一〇〇〇本のうち販売したのは、七〇〇本。残る三〇〇本のうち、二〇〇本は二〇一六年物のビンテージ酒として販売する。ただ残る一〇〇本については、一〇年間販売しない。門外不出となる。仕込みの段階から、ビンテージ用として販売に時間差を設けた。前例のない売り方だ。二〇一六年物「夢雀」は年内に、二万円のプレミアムをつけて、熟成酒として売り出す。一年たつごとに二万円ずつ価格を引き上げる戦略を練る。

今年は三〇〇〇本に増産する。原は先日、香港に出かけ、ある大富豪と面談した。その人物は、金融で財を成し、ワインの収集家として知られている。ロマネ・コンティを世界一多く持っている人物が、「夢雀」に関心を寄せた。「味わいたい」というのだ。

その大富豪は、「夢雀」の味わいに感動し、五〇本一括で注文した。自らが経営するワイン販売会社で、「夢雀」を最高級日本酒として販売したい考えなのだ。

中国本土で日本酒を販売するのは、困難と言われている。この大富豪は、中国本土に販売のパイプをもっている。「『夢雀』だけでなく、全国各地の日本酒の蔵元にもそのパイプを活用してもらいたい」。原は中国本土への輸出で、「夢雀」だけでなく、日本酒業界全体の底上げを考えている。

「日本酒革命」進行中

古民家、ブランド米、日本酒……。点と点がつながり、線になりつつある。ただ、「アーキス」の経営は決して盤石ではない。地方創生の成功例のように扱われるが、松浦は「まだまだわが社はこれからです。経営は決して楽ではない」と話す。ブランド米にしても、「夢雀」にしても、それほど儲けが出るものではない。「夢雀」を一本売っても、アーキスに入る利益は八〇〇〇円程度だ。アーキスは一五人の雇用を抱えており、毎月の給与を支払うのも、決して楽ではない。山口県内に飲食店を経営しており、そこである程度の収益を出しているのが実態だ。原は「『夢雀』を大量生産して、ある程度お金の余裕が欲しいと思ったこともあるが、それではブランド価値が落ちる。有名銘柄で、大量生産してブランドが長続きした例はない」と冷静に分析する。「『夢雀』を大量に買いたい」というオファーが舞い込んでも、基本的には断っている。ブランドの希少価値を保ちながら、丁寧に売りたいと考えているのだ。

松浦は自らと原を、長州出身の明治維新の志士たちと重ねる。

「明治維新は山口から起こりました。幕末に井上馨《かおる》や伊藤博文ら長州藩からヨーロッパに視察に派遣された長州ファイブの人たちが切り開いたからこそ、今の日本があると思う。長州ファイブの英国渡航は幕府にばれたら死罪。命がけでした。『夢雀』を造って、いろいろ言われますが、『日本酒革命』を起こしたいのです」（松浦）

私は「長州ファイブ」という言葉を聞き、唸った。そうだ。明治維新は、江戸から始まったわけではなく、地方の大名が行ったわけでもない。

長州ファイブのような地方の若手が革命を起こしたのだ。それが、廃藩置県につながり、中央集権国家の樹立となった。

それから一五〇年。その中央集権にも「制度疲労」が見えている。地方から若い人がある意味「革命」を起こす時代に突入したと思う。松浦と原は、長州発の「日本酒革命」の志士だと、私は考える。

松浦は一七年四月から母校の山口県立大学の大学院に通っている。日本酒の販路拡大とイノベーションを学問的に研究するためだ。

「ロマネ・コンティもドンペリもかつてブランドが誕生した瞬間があったはずです。『夢雀』というブランド誕生を歴史的な資料にしたいのです」

松浦は、顔いっぱいに笑みを浮かべた。

左●株式会社NACのロス・フィンドレー代表取締役
右●ニセコ・アドベンチャー・センター（NAC）

通年観光で実現した「ニセコノミクス」（北海道ニセコ町・倶知安町）

取材：2017年11月

物価と賃金上昇の「ニセコノミクス」

北海道・ニセコ観光の風景を変えた一人のオーストラリア人がいる。ロス・フィンドレー（53）だ。素朴な問題意識が発火点だった。

「ニセコは、冬はスキーなどウインタースポーツができるが、夏場はこれといってやることがない。そのため、人の動きもパタリと止まる」

そこで始めたのが、ラフティングという川下りだ。それが結実し、この地では、通年観光を実現した。来日してから三〇年近く。最近のニセコは、外国人がコンドミニアムなどを購入し、外国人村の様相も帯びる。通年観光の仕掛け人、ロス・フィンドレーは、ニセコ、そして日本の観光をどう見ているのか。

名刺交換して直後、フィンドレーの口から強烈な言葉が飛び出した。

「ニセコは今、『ニセコノミクス』を実現しました。安倍政権は物価上昇目標を二パーセントに掲げていますが、ニセコでは、物価上昇と賃金アップはもっと進んでいます。スキー場のリフト券は七パーセント上昇、宿代も一五パーセントアップ。最低賃金も実質時給一〇〇〇円ほどです。北海道全体の平均賃金八一〇円を大幅に上回っているのです」

エコノミストのような分析を繰り広げる。活気づくニセコを、「ニセコノミクス」と表現するのは言い得て妙だ。さらに数字をもちだす。

「この地域に長期滞在している外国人観光客は常時一万人ほど。さらに、一二〇〇人の外国人が働いています。これは地域住民約一万五〇〇〇人に匹敵する数字なのです」

観光に大事なのは、経済効果だ。フィンドレーによれば、ニセコに長期滞在する外国人は日本人と同じように買い物をしたり、病院に行ったり、電気やガスを使う。この地域全体にお金を落としている。

「経営者ばかり儲かっていてもダメなのです」。短期観光客の場合は、宿の経営者などだけが儲かるが、長期滞在は、地域全体に恩恵が広がるという論理だ。私は膝を打った。観光客の入込客数ばかり気にして、地域に落とす金額に関心を払わない首長などに違和感をもっていたからだ。

「ニセコノミクス」の原動力は外国人だ。彼らの消費は、物価を押し上げ、賃金も増やすパワーをもっている。それは雇用と人口の増加にも結び付く。そんな好循環を実現した。

ニセコは、「蝦夷富士《えぞふじ》」と呼ばれる羊蹄山《ようていざん》をシンボルとした地域だ。ニセコ連峰の裾野には、豊かな丘陵地帯が広がっている。ニセコ町や倶知安町《くっちゃんちょう》が代表的な自治体だ。

私が訪れたのは、二〇一七年一一月の半ばだった。夏と冬の端境期で、人は比較的少ないという。それでも、倶知安町で行き交う人は外国人が多かった。もうすぐスキーシーズンのためか、スキーのインストラクターやショップで働くと見られる欧米の若者が集まる。街並みや看板にも英語が目立つ。建設中の大きなホテルがいくつもあった。

屋根の勾配が急な建物が多い。あたかもスイスのようだ。異国情緒ある街並みの中、そびえたつ大きな建物が、フィンドレーが経営する「ＮＡＣ（ニセコアドベンチャーセンター）」の本拠地だ。もともとは小学校の体育館だったという。一階はアウトドアグッズを販売し、二階はカフェ兼レストランだった。一階と二階をぶち抜いた壁はロッククライミング用に造られていた。もとが体育館だけに天井は高い。大きな窓の向こうには羊蹄山が見える。ところが道を挟んで向こうには大手レンタカー営業所の看板があった。

フィンドレーはその看板を指して、「あの看板は、羊蹄山が見える風景を台無しにする。欧米の観光地なら、認められない」とつぶやく。観光立国を標榜しながらも、景観を軽視するお寒い日本の実態だ。

夏場に楽しめるラフティング参入

フィンドレーは、どんなきっかけで、日本を訪れたのか。

もともと、オーストラリアの大学でスポーツ学などを学んでおり、実際にスキーなどアウトドアもやっていた。スポーツに一生かかわりたい。そんな希望を抱いていた。

当時、オーストラリアは景気が悪かった。それに比べて、バブル経済真っ盛りのニッポンは輝いていた。最初に来日したのは、一九八九年だ。日本とオーストラリアは、相互の学生を対象にワーキングホリデーのビザを発行しており、それを使った。当初は札幌市に住んだ。スキーヤー三浦雄一郎《ゆういちろう》の名を冠したスキースクールのインストラクターになった。

「オーストラリアでは、多くの日本の留学生がワーキングホリデーを使って働いていました。だから僕は日本人には親しみがあったのです。日本の経済も好調だったので、一度来たいと思っていました」

フィンドレーはニセコのスキー場に魅せられる。札幌市から、倶知安町に移り住む。そこから本格的にニセコと向き合った。地元の建設会社で働きながら、ガイドを手伝っていた。大工の仕事も身に付けた。冬はスキーを教え、夏場は尻別川《しりべつ》でカヤックなどを楽しんだ。

当時は、スキーブーム真っ盛り。一九八七年に映画「私をスキーに連れてって」が大ヒット。色とりどりのウェアを着込んだ男女がスキー場でデートする光景がよく見られた。

ニセコには、ニセコアンヌプリという国際的なスキー場をはじめ、複数のスキー場が入った山がある、さらに尻別川は、大自然を間近で楽しめる環境だ。フィンドレーは、ニセコ地域の自然を生かしたスポーツの仕事をしたいと思った。

そして、九五年に開業したのが、アウトドア観光の会社「ＮＡＣ」。前の年には妻の陽子と結婚した。建設会社で働き、貯めた一〇〇万円が元手だ。目標は、夏場に閑古鳥が鳴く状況を変えることだった。

「バブル期にペンションを建てたオーナーたちが、スキーブームが去った後、困っていました。特に深刻なのは夏です。やることがなくなり、人の流れも止まってしまうのです」

フィンドレーはこんな現実を目の当たりにした。「やることがないなら、やることをつくる」。それがフィンドレー流だった。

着目したのがラフティングだ。七〜八人ぐらいが大きなゴムボートに乗って、清流を下る。ニセコには、日本一の清流ともいわれる尻別川が流れている。ラフティングには打ってつけだ。そのころラフティングは日本ではほとんど知られていなかった。カヤックより安価で、誰もがすぐ楽しめるのが魅力だ。

「カヤックはすぐにひっくり返り、難しい。リゾートに大切なのは、すぐにできて、もっと価格がリーズナブルなものです。夏場に、遊ぶものがないとみんな来ないのです。一週間いても楽しく過ごせる。そんなニセコにしたいと思いました」

最初はボート一台だけ。パドル（櫂《かい》）は木製で手作り。川下りすると、パドルが毎回のように壊れ、それを直す日々だった。来日して覚えた大工仕事が役立った。フィンドレーは妻の陽子と二人でボートを操った。

当初は札幌まで行ってビラを配ったりした。

「最初の年は二〇〇人が目標でした。口コミでどんどん広まり、その年いきなり、一五〇〇人が利用してくれた。それから、テレビなどが取材に来て、ニセコのラフティングは盛り上がったのです」

今では年間およそ三万人がラフティングツアーを体験している。フィンドレーが会社を立ち上げて二三年。ラフティングは今やニセコの夏の代名詞ともなっている。冬場だけ観光客が訪れる場所が、様変わりした。フィンドレーは、観光庁からは「観光カリスマ百選」の一人に認定された。

そして私が刮目したのは、フィンドレーのリーダーシップだ。自らラフティングの安全管理に旗を振った。ラフティングは激流を下るスポーツだ。安全管理能力が重要になる。重大事故が起きれば、ラフティングというスポーツ自体に対して批判が集まりかねない。

しかし、ラフティングに関しては、監督する行政機関はまだ整備されていなかった。つまり、誰でも、ボートを用意すれば、営利目的でラフティングを始めることができた。

「僕にカヤックを教えてくれた、北海道在住のニュージーランド人からのアドバイスもあって、ラフティングの業界の団体を目指しました」

フィンドレーは有志を募った。結局、同業者一三社が集まった。独自に研究会などを開き、安全面で自主規制や同業者同士で情報交換した。

そして、一九九七年に安全管理体制を築くため「日本リバーガイド協会(現・社団法人日本ラフティング協会)」を設立した。フィンドレーはその北海道支部長を務めたこともある。

さらに北海道庁などに働きかけ、業界健全化のための枠組み作りを提言した。その結果、北海道が二〇〇一年に制定したのは、全国初の「アウトドア活動振興条例」だ。アウトドアの振興に関して北海道の基本理念を盛り込んだ。〇二年には、「北海道アウトドア資格制度」も制定された。この資格制度は、知識や経験、技術をもつアウトドアガイドの認定や優良事業者の登録などを行う。

「お客様には、ラフティングはリスクがないと思っている人が多い。でも実際は違う。川は毎日、変化しています。私は長年、ラフティングでガイド役を務めるが、一度も同じコースをたどったことはない。いつも流れによって変化しているのです」

フィンドレーは安全性には細心の注意を払う。

ラフティングの顧客は、幼児からお年寄りまで年齢層は広い。三時間三〇分楽しめ、通常価格は六〇〇〇円。このラフティングを皮切りに、NACでは次々に新たな夏のメニューを打ち出した。例えば、ラフティングより小さなゴムボートを使う川下りや、ニセコの林道をマウンテンバイクで走行するコースなどだ。ニセコの植生や景色を楽しむトレッキングコースも提供している。ラフティングと同じぐらいの料金で、リピーターも多い。いずれもガイドが付く。

従業員は八〇人に増えた

二〇一七年秋オープンしたのは、「NACアドベンチャーパーク」だ。吊り橋やはしごを伝って、木と木の間を移動する遊具のある施設だ。国内最大級の規模を誇る。地上三メートルから一三メートルの樹木に張ったワイヤから降りる遊具などもあり、スリルを味わえる。遊具はおよそ一〇〇種類揃えている。身長一一五センチの子どもから参加できるコースがある。

「ラフティングはほかの会社も参入が容易です。しかし、アドベンチャーパークは圧倒的な規模なので、簡単には真似できないのです」

行政から補助金などはもらわず、自力で銀行から資金調達した。

NACでは夏場のスポーツだけでなく、通常のスキーのレッスンなども行う。私が驚いたのは、山一つ一日貸し切りのスキーツアーだ。自分たちだけでスキーを楽しみたい富裕層向けだ。そこは、NACが借りている山だ。リフトはないが、雪上車で上がって滑る。最大一二人ぐらいで丸一日楽しめる。値段は少し高めの一人四万二〇〇〇円。ワンランク上のメニューだ。

さらに、NACは独自にスキー板の製造を始めた。ブランド名は「ROKO」。フィンドレーのファーストネーム、ロスの「RO」と、妻・陽子の「KO」をドッキングさせたものだ。その工場はJR倶知安駅の中にある。工場長は石山明彦。北海道乙部町《おとべちょう》出身。たまたまニセコにスキーに来て、NACのことを知り、入社した。NACでは、ラフティングガイドをやっていたが、突然スキーを製造することになった。一般的なメーカーのスキーに飽きた人を対象にオリジナル板を売る。

フィンドレーは自らの手法を説明する。

「僕は次々にアイデアが湧いてきます。しかし、見積もりは厳しめに見ています。そのうえで自分の頭の中で、イメージが構築できないと、事業には乗り出さないのです」

銀行からの融資を受けているため、収益性も重視するのだ。予想を下回る集客となったケースもあるが、おおむね順調に業態を拡大している。NACは最初、ラフティングガイド三人から始めたが、今ではガイド三〇人を含めて、八〇人が働いている。雇用拡大につなげた。Uターン組もいれば、たまたまニセコを訪れ気に入って就職した人もいる。

フィンドレーは堅苦しさを嫌う。

「日本人はすぐ苦労というが、私は楽しく前に進んできました。楽しくやることが重要です。

もっと楽しんだ方がいいと思います」

続けて説明する。「スキーの後、カフェラテを飲む店を自分がほしかったので作りました。観光客も地元の人も楽しめるのが重要なのです」。

妻・陽子との間に息子が四人いる。一九歳の双子、中学校三年生、小学校六年生だ。一緒にスキーや川遊びをする仲間のような息子たちだ。

フィンドレーが移り住んでから、ニセコの表情は変わった。一九九〇年代からオーストラリア人の観光客が徐々に増えていた。南半球の故郷オーストラリアは夏でも、北半球の日本は冬である。つまり、オーストラリアではオフシーズンでも、日本はスキーを滑ることができる貴重なスポットだった。

そこに、二〇〇一年のアメリカ同時多発テロが起きた。アメリカやヨーロッパを敬遠したお客が「日本のニセコは安全だ」と大挙して訪れるようになった。パウダースノーを体験した人の口コミ情報で、人気となった。「世界一の雪」という価値を全面的に生かした形だ。そしてその後も外国人は増え続け、ホテルやコンドミニアムの建設ラッシュとなった。

そんな外国人たちの先駆者でもあるフィンドレーはこう語る。

「外国人が増えすぎました。旅行者だけでなく働いているのも外国人です。外国人にとっては、せっかく日本に来ても、母国と変わらないような状況になっています。僕は日本の大学生にもっとニセコでアルバイトしてもらいたいと思っています」

ＮＡＣ従業員にも注文を付ける。

「ラフティングだけでなく、カヤックやマウンテンバイクのガイドができれば、仕事が増えます。さらに英語ができれば、もっとステップアップできます。いろんなことに挑戦して道を切り開いてほしいのです」

NACの〝卒業生〟は今、ニセコのさまざまな場所で起業している。私はその一人、峠《とうげ》ヶ孝《よし》高《たか》（38）に会った。倶知安駅の近くでカフェとアウトドア関連のグッズを販売する店舗「SPROUT（スプラウト）」を経営する。

「当初はスキーとかカヤックなどを楽しむ人のハブ（中継地）にしようと思いましたが、今では、たまたま店に来た人が山や川といったアウトドアに関心をもちます」

想定外の展開に、峠ヶは笑みをこぼす。また、冬だけニセコで過ごす外国人は多い。スキーのインストラクターなどで訪れる人たちだ。峠ヶは「おかえりなさい」と声をかける。この店は外国人も含めた人々の交流の拠点となっている。

峠ヶは、もともと千葉県出身だ。大学時代に、アラスカを旅した。そこで北国に魅了された。ぜひとも北国で働きたい。そう考えていたときにテレビで、フィンドレーの存在を知った。「卒業したら、スキーの仕事にかかわりたいと思っていましたが、夏場はどうするという問題にぶち当たりました。そのとき、フィンドレーさんが楽しそうに仕事をしているのを見て、これだと確信しました」。

ただ、ラフティングなどは全く経験がない。試しに、大学卒業後に、埼玉県秩父の長瀞《ながとろ》で、二年間川下りの仕事に携わった。そして、ついにNACの門を叩く。

ＮＡＣでは、山の中で長距離を走るトレイルランニングのレースディレクターとなった。「自分のものだと思ってすきにやっていい」。峠ヶは、フィンドレーにそういわれ、自由にやらせてもらった。その経験は貴重だった。峠ヶは五年間ＮＡＣで働いた後、独立した。

「もともと、僕にとってＮＡＣは憧れで、学校みたいなものだと考えていました。いつかは〝卒業〟しなければならないのです。フィンドレーさんには教えられてばかりでした」

妻も同じ千葉県出身で、今では子どもが三人いる。

「上の子どもが五歳で、下が一歳で双子。双子というのも、フィンドレーさんの一家と同じで、家族ぐるみでお付き合いしています」

一人のオーストラリア人が火をつけた「通年観光」革命。

それは具体的な数字になって表れている。倶知安町の隣、ニセコ町の夏の観光客数は一九九九年には、冬を上回る逆転現象が起きた。その後も二〇一一年までは夏場が上回る状態が続いた。観光客数は現在、一六〇万人を超える高水準を推移している。観光客の増加は、雇用を増やし、移住者もやってきた。その結果、ニセコ町の人口は減少から増加へと転じた。人口減少が大半の北海道の中では異彩を放つ。

ニセコ町商工観光課課長の前原功治は、フィンドレーの役割は大きかったと指摘しながらも、こんな見方を示す。

「この地域は戦前からの温泉地でした。昭和四〇年代以降、スキーブームとなり、ペンションなどが次々建ちました。その経営者たちは東京や大阪などから移住してきた人が多かったのです。彼らはかねてからカヌーなどをしており、夏場の集客に力を入れる素地はあったのです」

前原の話を聞いて、私は納得した。幾重にも重なった歴史の土壌の上に大輪の花を咲かせたのが、フィンドレー率いるNACである。羊蹄山を使った夏場のレジャーはそもそも潜在力のある観光資源だったのだ。地域再生の力は、土地の歴史と、住む人の魂に宿っている。

第三章

「公務員」が立ち上がると、地域が熱くなる

左●地域活性化センターの椎川忍理事長（左）。
「地域おこし協力隊」の活動を推進した俳優の故・菅原文太氏と
右●「地域に飛び出す公務員を応援する首長連合」のサミットで挨拶する
椎川忍氏（写真はすべて椎川忍氏提供）

地域と人を「横」につなぐ（地域活性化センター）

取材：2018年1月

人材育成こそ地域を救う

地方創生に欠かせないのは、〝火種〟を持ったリーダーの存在だ。彼らが現れれば、地域は躍る。人材こそが地域の将来を左右する。そうした現実をいち早く、見抜いた元総務官僚がいる。一般社団法人地域活性化センター理事長の椎川《しいかわ》忍《しのぶ》（64）である。

椎川は「政府は今まで地域活性化のため巨額の資金を投入してきたが、それでも地方は疲弊している。こうした現状を見れば、これまでのやり方を変えなければならないのは当然だ。政府があまり力を入れてこなかった人材育成こそが大事だ」と強調する。

確かにそうだ。一九七〇年に過疎地域対策緊急措置法（過疎法）が制定された後、全国では補助金を使って、道路や農地などの整備が行われてきた。事業費は総額一〇〇兆円近くに上る。それでも、事態は一向に改善しない。椎川は長い官僚人生で、その実態を肌身で感じている。

地域活性化センターは、地方公務員や地域住民の人材育成、特に地域と人を横につないでいける能力の育成を手掛けているが、椎川の仕事はその枠組みにとらわれない。驚くのは、土日を使って、地域を飛び回っていることだ。講演やシンポジウムに引っ張りだこだ。しゃべっておしまいではない。地域の住民や自治体の職員らと語り合う。「年間二〇〇泊」する年もある。

総務省時代の最終ポストは自治財政局長。自治財政局のエースだった。

「総務省でも屈指の論客。財務省との論戦でも椎川さんがいれば安心だった。今でも椎川さん

を尊敬している役人は多い」（総務省中堅）

そんな財政のプロだが、霞が関を飛び出し、現場にこだわる。

「地方財政計画は、ある意味で虚構の世界だ。それだけでは現実の地域を救うことはできない。しかし人材を育てれば、地域も救われる。地方自治体に大事なのは、若い人が力を発揮できる環境をつくること。そうした点で頑張っている自治体を数多く見てきた。若い地方公務員がメキメキと力をつけているのはうれしい」

総務省は毎年、地方の予算全体の大枠を決める地方財政計画を策定している。それは中央官庁としての力の源泉だ。それを「虚構の世界」と言い切った上で、こう続ける。

「地方でも、人材育成のシステムは国に倣った縦割りだ。財政、福祉、教育、土木、農政。それぞれ各分野に精通している人は多いが、横につなぐリーダーやコーディネートする人は少ない。なぜなら、そうした人材育成をしてこなかったからだ」

今の日本は成熟社会に入っており、高い成長を実現するのは困難だ。そうした環境の下では、法律とか国の制度だけでは住民を救えない。困りごとを助ける仕組みが必要になっている。親の介護が必要な家もあれば、子どもの引きこもりで悩むケース、さらに多重債務で苦しむ人……。地域にはさまざまな困りごとで悩む人がいるが、縦割りの役所では住民の困りごとに総合的に対応するのは難しい。だからこそ、公務員は地域をもっと知るべきだ。役所の外にもっと飛び出せ。椎川はそう発破をかける。現場主義者のそんな思いは、一つの大きな潮流をつくった。

それが二〇〇八年一〇月に発足した「地域に飛び出す公務員」というネットワークである。通称「飛び公」だ。総務省の官僚だった時代に、音頭をとった。役所の仕事以外に、ＰＴＡ、自治会、消防団どんな活動でもいい。さまざまな地域の活動をやろうとの趣旨だ。今ではメーリングリストで情報交換する公務員は二五〇〇人に上る。

きっかけとなったのは、二十数年前の経験だ。椎川は島根県で総務部長として勤務していた。島根県は東西に長く、面積が広い。そのため、県庁から離れた地域で「出前県庁」と称して、住民懇談会などを開催した。こうした現場で見聞きしたことが、椎川の脳裏に焼き付いた。

「市町村の職員である以前に、地域住民ではないだろうか」

縦割り行政では見えない現場の問題点がある。それを行政に生かそうという試みである。

「公務員は狭い世界に閉じこもってはいけない。広く、世間の人々と交わることによって、知恵と工夫、イノベーションが生まれる。『公務員の常識は社会の非常識だ』。しかし、公務員が地域に飛び出せば、状況が変わる」。椎川はこんな主張を繰り返す。そして、古いタイプの公務員には手厳しい。「住民の生の声を踏まえず、国が作った既存の法令や制度を忠実に運用する。国や県は予算を確保して補助金を出すことに血道をあげる。それで仕事をした気になっている。また、公平・公正という建前にしばられすぎてはダメだ。自助努力して頑張っている住民を支援しようとしない。彼らを依存心ばかり強い人たちと同列にするのはおかしい」。

「飛び公」創設に動いた椎川だが、公務員が自由に動くには、役所全体の風土改革が必要だ。それにはトップである首長の理解は欠かせない。

二〇一一年には旧知の首長などに働きかけ、「地域に飛び出す公務員を応援する首長連合」の設立にこぎつけた。職員が地域に飛び出し、イノベーションを起こしやすくするのが狙いだ。首長などにも理解者が増えており、現在は六三首長が会員となっている。設立以来、毎年一回、全国各地でサミットを開催している。代表は鳥取県知事の平井伸治で、初代会長は佐賀県知事（当時、現・衆議院議員）の古川康《ふるかわやすし》だ。古川は駆け出しのころ、椎川の部下として、国際消防救助隊の創設や消防法改正を役所に何週間も泊まり込みで成就させた仲だ。

七回目を迎えた「飛び公」サミット

一七年一一月には北海道東神楽町《ひがしかぐら》で開催された。七回目だ。会長である平井伸治ら首長一〇人を含めて南は鹿児島県まで一〇〇人近くが参加した。椎川は「飛び公」の提唱者として、初回から多忙な日程をやりくりして、毎年顔を出す。今回も来賓として挨拶した。

「公務員は不祥事があるとバッシングされるが、いい仕事をしても、給与を適正化しても褒められることは少ない。信頼回復の一番の近道は『地域住民になりきり、地域を支えることだ』。そう考えて、地道な活動をしている公務員も多い。そうした人たちに光を当てたい」

今回のサミットでは、最初に「首長&公務員　飛び出す甲子園」というイベントを行った。どのように地域に飛び出しているかを競う。今回は、奈良県生駒《いこま》市、岐阜県飛騨市、山形県南《なん》陽《よう》市がプレゼンした。

普段は上司と部下という関係の首長と職員だが、この日は一緒になって、自らの取り組みを熱く紹介した。終了後、会場に参加した人や、椎川や平井などが審査し、点数をつけ、最優秀賞を選ぶ。三つの市のテーマはそれぞれ違う。今回勝ち抜いたのは、飛騨市だった。

飛騨市は、市長の都竹淳也《つづくじゅんや》とともに、企画部地域振興課の吉川慶と、総務部税務課の山下譲太が立って、身振り手振りで説明した。飛騨市は豪雪地帯であり、雪は厄介者だ。しかし、それを逆手にとって、まちおこしにつなげよう。そんなイベントが三〇年前に始まった。雪まつりだった。吉川はそれに参加している。

「父親の世代が始めた雪まつりをいま、僕らは引き継いでいる。最近では、単なる雪まつりじゃ面白くないということで、地元の小さなスキー場を貸し切って、婚活イベントを開催している。一五年と一六年二回やって、九組のカップルが誕生し、そのうち三組が結婚しました」

さらに続ける。

「イベントを仕掛けた父親の背中がとてもかっこよかった。今度は僕らが背中を見せる番だ。そう思ってイベントを仕掛けている」

一方、税務課の山下が取り組んでいるのは、伝統芸能の保存だ。

「自分の住んでいる地域では、六人で獅子舞をやっているが、うち三人は六五歳以上。もう来年はダメだと言っていた。隣の地区や真向かいの地区でも同じ状況だった。それなら若い僕らがどの地区の獅子舞もできるようになるべきだ。そう思って組織を立ち上げた。三戸しかない集落で、三〇年ぶりに獅子舞を復活させ、集落の人には喜んでもらった」

市長も発言するが、あくまで、わき役だ。主役は職員である。

椎川は「市町村合併もそうだったが、大きいことは良いことだと言われることが多い。だが、世の中には小さいことの方が良いということもたくさんある。地域のコミュニティーを守るという形で、伝統芸能を維持・継承している」と、飛騨市を評価した。

ちなみに、生駒市長と職員は公務員の副業、南陽市長と職員は自ら勝手に標榜する「ラーメン課」の活動についてプレゼンした。

その後、首長会議に移った。そこでのテーマは「公務員の副業を考える」。生駒市がプレゼンした内容だ。地方公務員法では、首長などの任命権者の許可があれば、副業は可能だ。しかし、報酬を得ることに抵抗感を示す公務員や首長などが多い。そこで生駒市は、副業に関する指針を設けた。職員の地域活動への積極的な参加を促すためだ。

市長の小《こ》紫《むらさき》雅史《まさし》は、消防署員が勤務時間外に、サッカークラブでコーチを務めている例を提示した。「地域貢献している公務員が、民間人と同じレベルでしかるべき対価として報酬をもらってもよいのではないか。副業を制度化する目的は、『地域に飛び出す公務員』を増やすことにつながる」と主張した。

議論は分かれた。否定的な意見はこんな具合だ。「副業で収入を得ると本業が疎かになる」「小さな町では職員の半分以上が何らかの地域活動に取り組んでいる。こうした活動自体は評価すべきものだが、報酬を得ることはいかがなものなのか」。

一方、積極派も多い。「公務員に対する悪平等ではないか」「農業収入や不動産収入が認められているにもかかわらず、地域活動の対価として得た収入は認められないのはしっくりこない」。最後に、鳥取県知事の平井伸治は「副業が一定範囲で制度的に認められるよう法改正を働きかけたい」と議論を締めくくった。

現場の問題点を見つけ国に働き掛ける。「地域に飛び出す公務員」は国を変える力も持ち始めている。

「人材育成こそ地域おこしに不可欠」。そんな信念を抱く椎川は二〇一八年、地域活性化センター理事長として新たな試みを始めた。具体的には、秋田県由利本荘《ゆりほんじょう》市、千葉県いすみ市、京都府福知山市と人材育成に関する連携協定を結んだ。椎川は話す。

「地方創生を推進するためには、縦割りや組織を超えた〝横串〟人材を育成することが重要となっている。三市とセンターが一緒になって、広く横に知と人脈を探索し、それをつないでイノベーションを起こせる人材、官民連携や部署横断的な事業に取り組む人材を育てていきたい」

一八年三月には静岡県三島市、四月には三重県四日市市、五月には置賜《おきたま》広域行政事務組合（山形県）との締結も決まっている。センターはそれ以外の都道府県、市町村振興協会、市長会、町村会などにも協定締結を呼び掛ける。

「地域おこし協力隊」も創設

異能の元官僚、椎川の仕事として私がもう一つ刮目するのは、「地域おこし協力隊」だ。

椎川は生みの親でもある。「地域に飛び出す公務員」を作った同じ時期に、設立に向けて動いた。それは本業の総務官僚としての仕事だった。椎川は〇八年に初代の地域力創造審議官に就任した。当時の総務大臣は増田《ますだ》寛也《ひろや》。命じられたのは、定住自立圏構想を制度化することだった。それは、地方から東京などへの人口流出を抑えるため、総務省が音頭をとった政策だ。つまり、人口約五万人以上の都市が中心市となり、周辺の市町村と協定を締結し、定住自立圏を形成するものだった。

椎川は振り返る。「定住自立圏構想もいいのだが、それだけでは、不十分だと感じました」。そこで思い出したのは、二十数年前の島根県総務部長として赴任していたときのことだった。島根では当時、牧場が若者をインターンで受け入れていた。その現場で聞いた話が頭をよぎった。

「同じように、全国規模で都市から地方に、直接若者の移住を後押しする仕組みが必要だと考えたのです」

地方に直接、都会の人間を移住させる制度はないか。椎川は調べた。いくつかの先行事例があった。例えば、NPO法人地球緑化センターが実施していた「緑のふるさと協力隊」や、農林水産省の「田舎で働き隊」だ。さらには、海外青年協力隊を経験した若者が地方で起業したりしているケースがあった。

椎川はこうした事例の関係者や学識経験者らと協議した。そこで生まれたのは「地域おこし協力隊」だ。〇九年度に始まった。思いついてから、わずか一年で実現した。

隊員は、都市部から過疎地などに一定期間住み、地域活性化に取り組む。隊員の給料は年間二〇〇万円程度だ。その他、活動費や起業研修のための経費など合わせて四〇〇万円程度が特別交付税で措置される仕組み。任期は一年以上で、最長三年まで延長可能だ。任期が終わった後も、定住してもらうのが狙いだ。

発足した〇九年度は、三一自治体で八九人にとどまった。新しい制度だけに、なかなか自治体へ周知されなかった。しかし、その後マスコミへの露出も増え、希望者が急ピッチに増えた。一六年度には八八六自治体で三九七八人となった。結婚、定住する人は全体の六割を占める。任期途中で去る人も少なくないが、椎川は「当初、三〇〇〇人を目標と考えていた。それを上回る実績となった。しかし、成功例をもてはやすばかりではなく、失敗例があることも十分に認識し、そこから学ぶべきだ」と強調する。

地域おこし協力隊は急ピッチで拡大しているが、椎川にとって忘れられない人物がいる。俳優の故・菅原文太《すがわらぶんた》だ。菅原は本格的に農業をやりたいと考えていた。そのとき、菅原を山梨県知事の横内正明《よこうちしょうめい》が「山梨県で農業をやらないか」と誘ってきた。

菅原はその事情を旧知の椎川に相談した。椎川はさっそく菅原と一緒に横内の知事室を訪ねた。どこが農場に向いているか。菅原と椎川は県の担当者と一緒に、県内のいくつかの候補地を訪れた。

最も誘致に熱心だったのは、北杜市《ほくと》だった。市長の白倉政司《しらくらまさし》も自ら案内した。その結果、菅原は二〇〇九年、北杜市に農園を開設した。山梨県も菅原文太に報いる。その農園に、「地域おこし協力隊」のメンバーを送り込んだのだ。「地域おこし協力隊」に都道府県レベルで手を挙げたのは山梨県が初めてだった。二〇人の「地域おこし協力隊」を県が雇用し、山梨農業協力隊として減り続ける農業後継者の確保をめざし、そのコーディネーターを菅原に委嘱した。その意味で、県は大きな決断をした。

菅原は「地域おこし協力隊」のメンバーと一緒に有機農法にこだわった。山梨県はこうした動きを契機に「やまなし発！　有機・自然共生農業を考えるつどい」を開催した。

私は椎川と同じ時期に、時事通信の島根県庁担当記者だった。それ以来、二十数年付き合っている。確かに椎川が県内の市町村を歩き回っていたのを記憶している。椎川と話していると、「現場に解あり」と痛感する。島根での現場体験が〝種〟となった「地域に飛び出す公務員」と「地域おこし協力隊」。この二つの仕事は、県庁の中にいるだけでは生まれない。現場に出向いて問題点を吸い上げたからこそ実現したと思う。

やねだん故郷創世塾の常任講師

椎川は毎年、五月と一一月に必ず行く場所がある。それは鹿児島県鹿屋《かのや》市の柳谷《やなぎだに》地区。通称「やねだん」だ。人口三〇〇人ほどの小さな集落だが、「奇跡の村」として知られる。一九九六年、高齢化率四〇パーセントを超え、限界集落になるのは時間の問題と見られていた。しかし、一人のリーダーの出現で、地域再生を実現した。そのリーダーは自治公民館長の豊重哲郎《とよしげてつろう》(76)。

椎川は、豊重が主宰している「故郷創世塾《ふるさとそうせい》」の常任講師を九年間にわたり務めている。塾生は全国から集まる地方公務員、社会福祉法人の職員、そして民間人だ。

豊重については第八章で紹介するが、補助金に頼らず、サツマイモや焼酎などで自主財源を稼いだ集落のリーダーだ。豊重のモットーは、「集落に補欠なし」「全員野球」だ。椎川はやねだんを「失われていた絆を再生したことは重要だ。三〇〇人の大家族をつくることに成功した」と分析する。

故郷創世塾は三泊で睡眠時間が数時間というハードなスケジュールだ。椎川も毎回一泊して、二時間ほど講義し、塾生との交流もする。

椎川は塾生らにこう講義する。

「政府も地方創生と言って旗を振っているが、地方創生は人間の体と同じだ。細胞が元気にならなければ体全体は元気にならない。だからいきなり五万人の都市とか、一〇万人の都市を、元気にするといっても、そう簡単にはいかない。一番小さい単位の地域、集落というものを大事にしなければならない」

つまり、「やねだん」のように、集落を活気づけることに力を注げというメッセージだ。

人材育成に力を入れる椎川は、日本の歴史と独自の発展過程、農村文明の素晴らしさを再認識する国民運動を仕掛けるべきだと強調する。

「グローバル経済の進展とともに地方は疲弊した。しかし、弱者救済という意識で、地方活性化を図ってもダメだ。二〇一八年は明治一五〇年だ。明治維新以降、日本は、欧米に追い付き追い越せと邁進してきた。その一方で日本の良さを失いつつある。実は発展の隠れた基礎であったのに、これまで軽視されてきた日本の農山村の暮らしぶりの良さを取り戻し、自信をもつべきだ。ものづくりや人のために尽くす。そんな日本人のＤＮＡは世界でも傑出している。国民の意識を変える国民運動を行うべきだ」

さらに、自立の精神については江戸時代に学ぶべきだと主張する。

「あの時代は人材が一番大切であることを理解して、どこも藩校を作って人材育成をした。ないものねだりをすることなく、自分たちの風土に見合った特産品開発をして藩の財政を立て直そうと努力した。幕府は諸藩からお金を取り上げることはあっても面倒をみることはなかったので、自分たちの力で生き抜くことを考えた。いま、地方自治体や地域はその爪の垢でも煎じて飲むべき」

それでは、地域に飛び出し、自立を目指す自治体の職員はどんな仕事をしているのか。次節で「地域に飛び出す公務員」の実例を報告する。

左●東近江市森と水政策課の山口美知子課長補佐(右)と、
薪の加工場・薪遊庭を経営する村山英志氏
右●薪の加工場は「中間的就労」の場として機能

公務員が地域に飛び込む(滋賀県東近江市)

取材：2018年2月

行政はスポットライト　周辺は暗い

レストランで一緒にランチを食べていると、次々に声をかけられる。そのたびに笑顔で応じる。地域住民に溶け込む姿は公務員には見えない。近所のお姉さんのようだ。滋賀県・東近江《おうみ》市役所の山口美知子《みちこ》（45）である。山口は私と話している最中に、窓の外の田園風景を見ながら、目を輝かせた。「私は市役所から地域住民を見る行政はしたくありません。こうして地域住民と話し、そこから見た行政を行いたいのです」。

気負わず、自然体の表情が印象的だった。市職員としては、「森と水政策課課長補佐」という肩書をもつ。しかし、山口は、縦割りの〝お役所仕事〟とは、異質な動きをする。現場を歩きまわり、課題を吸収して公務員として動く。

先に「地域に飛び出す公務員」というネットワークをお伝えした。それを提唱した元総務官僚の椎川忍が高く評価する公務員こそ山口である。東近江市は琵琶《びわ》湖の南東に広がる人口一一万人強の都市だ。一市四町が合併して誕生した。「三方よし」の近江商人の町としても知られる。

私は当初、市役所でのインタビューを想定していたが、取材場所はすべて現場だった。「いつも思うのです。私が偉いわけじゃなくて、地域のみなさんが頑張っているのです」。「地域に飛び出す公務員」らしい発言だ。

さらにこんな見方を示す。「行政の施策はスポットライトのようなもの。光が当たるところは明るいけれども、その周辺は暗いのです。支援は届かないところも少なくありません。行政は一つのパーツにしかすぎません。地域の人と一緒になって、まちづくりをするしかないのです」。

薪割り作業に〝働きもん〟を

山口が最初に連れて行ってくれた現場は、いくつもの薪のブロックが屋外に置かれていた。そこは、薪の加工から販売、さらには薪ストーブなども販売する「薪遊庭《まきゆうてい》」だ。あまり見たことのない風景に私がきょろきょろしていると、山口は突然、森林の現状について説明してくれた。

「森林の世界では長い間、杉やヒノキは経済的な価値がありました。住宅を建設するとき使うからです。それらは、人が植林・管理してきました。それ以外のナラやカシは雑木と言われ、お金にならないため放置されてきました。ところが、その雑木が徐々に枯れていくという問題が発生しています。将来的にエネルギーとして活用できるのにもったいない」

雑木林というのは、雑木。人工林と違って、経済価値の低い、いわば雑草のような存在なのだ。ただ、市役所の仕事と森林の現状とは、何の関係があるのか。

不思議に思った私に山口は回答をくれた。「ここで薪割り作業の手伝いをしているのは、私たちが〝働きもん〟と呼んでいる、長年自宅にこもっていたり、働くことに工夫や応援がいる人です。社長にお願いして、当初一年間実験的に実施しました」と語る。実は薪割り作業と引きこもりの人を結び付けたというのだ。

それは「薪プロジェクト」と呼ばれる事業だ。山口は当時、緑の分権改革課の職員で、そこでは総務省の補助金を利用した。実はこのとき、総務省側で地域力創造審議官を務めていたのが、前にお伝えした椎川忍である。

山口が私に説明しているとき、この加工場を経営する村山英志（53）が姿を見せた。なぜ薪の加工場を経営するのか。私はストレートに聞いた。

「元々、大工でしたが、薪を割っていると、とても面白い。薪を広めたいと思いました。また、山に興味をもって、里山再生のためのNPO法人に入っていました。木を使わなければ、山はダメになる。木を使うには、薪ストーブを普及させればいい。それなら薪を作る工場を経営してみようと思ったのです」

そして、「薪遊庭」を立ち上げた。ただ、「実際に経営して、自分で薪を作ってみても、採算が合いません。誰か協力してくれる人はいないかと思っていました」。

村山が相談した相手が山口だった。山口は現場で動いた。そこでもう一人重要な登場人物が現れる。働き・暮らし応援センター「Tekito-」のセンター長・野々村光子。障がい者の就労支援をしている団体のリーダーだ。山口が野々村に「薪割り作業という、厄介な仕事を請け負ってくれるところ知りませんか」と尋ねると、野々村は応じた。「一五年引きこもっている方で、体が丈夫で大きい人がいる」。山口は、村山の困りごとを野々村の力を借りて解決に導いた。「薪プロジェクト」誕生だ。その後、〝働きもん〟は村山のところで働くようになった。

私が取材した日も、三人の〝働きもん〟が機械を使って作業をしていた。何らかの事情を抱えながらもくもくと作業する。通常三人から四人がチームだ。わずかな言葉を掛け合い作業している。少しずつ社会に溶け込もうとしている。

村山によれば、薪は、水分を抜くために、一年間、外で乾燥させなければならない。すぐに売る必要はない。このため、薪割り作業は、事情を抱える〝働きもん〟にとって、打ってつけの作業だという。急ぐ必要がないからだ。〝働きもん〟は自分のペースで仕事ができる。さらに、大きさが揃っていなくても、最終的には燃やすものなので、商品としてそれほど影響はない。

この薪の加工場は、〝働きもん〟の中間的就労の場となった。中間的就労とは、さまざまな事情で長年引きこもるなど、すぐに一般的な仕事に就くのが困難な人を対象に、支援しながら就労機会を提供することだ。これまでにここで作業をした三〇人ぐらいが「卒業」し、就職した。

一方、山口は、薪割りの作業について、〝働きもん〟の心理面にもいい影響を与えると指摘する。

「工場の場合では、作業工程の一つのプロセスだけを任される。しかし、ここでは木を伐採して、薪割りで薪にする。それを買っていくお客も現場にいる。お客が来たら、『ありがとう』という言葉もかける。一連のプロセスを現場で体験できる」

「人と人をつなぐ」のが山口流の行政だ。それを村山はどう見ているのか。「とにかく情熱がすごい。山口さんは市民の人の課題を見つけ、行政としてその課題を克服するための提案をしてくれます。山のことに関しても、何とかしようと情熱を傾け、それが市民に影響を及ぼしています。市民と行政との垣根を取っ払ってくれるのが山口さんです」。

県庁から市役所に「転職」の理由

山口はなぜそれほど、「森」にこだわるのか。経歴を見れば納得できる。山口は東京農工大学大学院を卒業。林業技師として滋賀県庁に入った。二〇〇七年に東近江市にある県の事務所に赴任した。

「県庁職員でしたが、東近江市で地域活動をやりました。それにのめり込んだのです。でも県庁職員では異動があります。そこで県庁を辞め、市の職員になりました」

その地域活動とは、琵琶湖の森の保全に関するものだ。山口は当時を振り返る。「林業関係者と現場で頻繁に会っていました。そのとき『地元の木を使える仕組みをつくってほしい』という声を耳にしました」。

そこで山口は勉強会を発足させた。それから十年余り。その勉強会は大きく花開く。現在の一般社団法人「kikito」となった。「琵琶湖の森を守り育てる人」と、「琵琶湖の森の恩恵を受ける人」をつなぐ仕組みだ。

具体的には、まずは間伐材の買い取りだ。値段設定はなるべく高くした。長く放置されてきた間伐材が「儲けの種」となるようにした。そうすると、間伐材が集まる。その間伐材をどうするか。お金にしなければならない。工場でチップに加工してもらい、製紙工場に持ち込んだ。そこでコピー紙などの紙製品になる。「びわ湖の森の木になる紙」の商品名で「kikito」が販売している。購入するのは、東近江市役所や多賀町役場などだ。また、木製の名刺入れやはがきなどもインターネットで販売している。地元企業とのタイアップ商品だ。それが東近江市での地域活動の出発点となった。山口はこの活動に今もかかわっている。

山口は、県庁を辞め、市役所に転職したわけだ。「市役所でも、地域でも『よそ者』だったので、なんでもやりやすかったのです。いろんなことに首を突っ込んでいますが、ずっと理解ある上司に恵まれています」。

三つの建物が一体化「福祉モール」

山口が次に私を連れていったのは、「あいとうふくしモール」だ。そこは障がい者の作業場としてのカフェ、高齢者向けのデイサービス、農家レストランという三つの建物が同じエリアに建つ。モールのように軒を並べることで、互いに補完し合う。このようなモールは全国的にも珍しく、視察が相次ぐ。

農家レストランの「野菜花《のなか》」を経営するのは野村正次（62）だ。もとは東近江市の職員で、山口の上司。緑の分権改革課の課長だった。五六歳で退職し、今ではこのレストランを経営している。株式会社「あいとうふるさと工房」代表取締役だ。地域に本当に飛び出した元公務員である。

野村はこの「あいとうふくしモール」ができる経緯を語る。「地域で安心して暮らしていくにはどうすべきか。地域の医療や福祉関係者らはもちろん、農業や環境、まちづくりなど多職種の人が集まり話し合いをしていました。月一回の会合です。私は役所の仕事とは別にそれに参加していました。山口さんもそこに誘いました」。

二〇〇九年に策定したのは、福祉モール構想だ。この構想を実現するためには、誰がどうすべきか。そんな議論をしているときに、野村は自ら手を挙げて、飛び込んだ。「私自身、役所にいた際には、多くの事業計画を策定してきました。ただ、計画通りにはいかないことも多くありました。一市民として、暮らしの困りごと、地域の課題の解決の一翼を担いたいと思ったのです」。モールは一三年にオープンした。市役所の職員といえば、天下りが横行しているが、野村は全く違った生き方をする。

「私は役所のときから、公務員は一方で一市民であり、一住民だと思っていました。部下にも、いろいろなところで住民とかかわるように言ってきました。つまり、役所の肩書以外に、名刺を二枚も三枚ももつのが大事です」。野村もまた「地域に飛び出す公務員」だった。

実は冒頭のシーンで私が山口とランチしたのは、野村が経営するレストランだ。地元の野菜を使った食事はやさしい味だった。この店のカウンターやテーブルは、地域の木材を使っている。野村はこう話す。

「地域で食べて、生きていくことが大事なのです。『食』『ケア』『エネルギー』は生活の基盤です。地域で充足させる仕組みをつくりたい。地域の困りごとを解決する仕組みが大事なのです。一＋一＋一が三ではなく、四にでも五にでもなってほしい」

三つの建物はそれぞれ運営主体が違う。野村が代表を務める株式会社「あいとうふるさと工房」が運営するのが農家レストラン「野菜花」だ。地元の食材を使った郷土料理を提供し、高齢者の雇用の場にもなる。

また、カフェ「こむぎ」を運営しているのは、NPO法人「あいとう和楽」だ。パンやサラダ、スイーツなどを提供しているほか、薪工房「木りん」も併設している。ここは、障がい者などの働く場となっている。薪作りだ。地域の里山や植林地から伐採された雑木や間伐材を薪にする。その薪は、三つの建物にある薪ストーブの燃料となる。

さらに、注目すべきは、高齢者の自宅へ食事を届けるサービスだ。食事を届けるのは、前述した〝働きもん〟たちだ。野村の言葉に私は感心した。「〝働きもん〟が高齢者の家を回り、声をかける。食を届けることで、一人暮らしの高齢者の命をつなぐことになるのです。それは〝働きもん〟にとっても人と会話する機会になるのです」。この食事を届ける仕事の経験は〝働きもん〟にとって、就職への大きな足がかりとなる。

もう一つの建物、デイサービスは、NPO法人「結の家」が運営する。宿泊施設もある。また、訪問看護ステーションを備え、二四時間体制で、在宅療養を支援する。病気を抱えていても住み慣れた地域で過ごせるようにした。

三つはそれぞれ独立採算だが、共同事業も多く手掛ける。例えば、一七年七月から、引きこもりなどの若者が作るおにぎり「あいとうむすび」を販売している。おにぎりの具材などは高齢者が教える。定番の塩おにぎりや梅おにぎりのほか、季節に応じた限定メニューも用意する。高齢者の知恵と技を若者に結び付ける。市役所の売店や直売所、薬局で売っている。薬局は高齢者が薬を買う際に、「ついで買い」をするという。

さらに、「何でも屋」も手掛ける。暮らしの困りごとを地域で解決する仕組みだ。例えば、庭の手入れや病院への送迎、部屋のお掃除、ゴミだしなどを低料金で提供する「ほんなら堂」をつくった。登録されたサポーターが困っている人のお手伝いをする。

さらに、このモールには、驚きの仕掛けがある。それは、三つの建物の屋根にある、太陽光発電のパネルだ。合計三四キロワットの電力を生み出す。市民共同発電所方式という。一口一〇万円で市民などから出資してもらって、設置したものだ。合計一一〇口で、一一〇〇万円を集めた。そこで生み出される電力は売電される。その収入は年間一五〇万円ある。そのうち一〇〇万円分を出資者に返す仕組みだ。返すのは、地域限定の商品券だ。大事なポイントは半年と期限を設けたことだ。

「商品券を配布しても、使ってもらわなければならない。期限を設ければ、使います」。野村はその狙いを語る。地域でお金がぐるぐる回る仕組みを構築したのだ。

SIBが当事者意識を生む

最後に私が山口と訪れたのは、「あいとうエコプラザ菜の花館」だった。廃食油を回収しリサイクルして使用する拠点だ。循環型の東近江市のシンボルのような存在となっている。その建物を運営しているのは、NPO法人「愛のまちエコ倶楽部」だ。事務局長の園田由未子（36）は「ここで回収している使用済みのてんぷら油は年間約三万リットルです。それをリサイクルし、粉せっけんやバイオディーゼル燃料を作っています」と説明した。

粉せっけんを作ったのは、一九八一年からだった。きっかけとなったのは、一九七七年に琵琶湖に大量発生した赤潮だった。赤潮の原因は合成洗剤に含まれるリンだった。そこで、滋賀県で合成洗剤の使用をやめる「せっけん運動」が広まった。

その後、食器洗いや洗濯などに使う粉せっけん作りが始まった。てんぷら油などを回収して作るリサイクル粉せっけんだ。

園田は「お母さんたちは時給三〇〇円ほどでせっけんを作ってきました。ほとんどボランティアです。資源回収で集まったペットボトルなどに入れた素朴な商品。琵琶湖への愛があふれた活動ですが、それには限界があります。次世代につなげるためにもちゃんと賃金を払える仕事づくりが目標となりました。お金が回る、持続可能な仕組みが必要なのです」と説明した。そこで、新たなブランドを立ち上げることになった。それが新ブランド「BIWACCA」だ。学校や病院などに売り込む計画だ。

しかし、パッケージ作りにも費用がかかる。その調達の手法に私は驚いた。それは、イギリスで広まっているソーシャル・インパクト・ボンド（ＳＩＢ）だった。民間から集めたお金を元手に、行政の事業をＮＰＯ法人などに委ねる手法だ。東近江市の場合は、一口二万円で市民などから出資してもらう仕組みだ。せっけんの新ブランド立ち上げには、合計五〇万円集めた。成果が出たら、行政側が、出資者にお金を返す。

山口は話す。「市民の間では、『そんな事業を民間がやるなら、私たちは応援するよ』と、次々に出資してくれた。自分たちの出したお金で実際に事業が行われる。行政に投げるのではなく、市民参加型となる」。

事業をやる民間企業やＮＰＯ法人も自分たちで歩いて出資者を見つけなければならない。「成果が出ないと、出資者にはお金が返ってきません。事業主体は、そうした事態は避けたい。そのため、事業に必死になります」

ＳＩＢの対象となるのは、市が採択した事業だ。事業主体は到達目標を設定し、期末に目標に達したかどうか判断される。

結局、市がお金を払うことから、財政的な負担は変わらないように見えるが、山口は「市民が地域の課題に当事者意識をもつことが大事だ。こうした仕組みを利用することで、行政に依存する意識が薄らぐ。『できることは自分でやる』。この仕組みで、そんな意識がつくられている。長い目で見れば、財政負担の軽減にもつながる」との考えを示す。

山口は専門家などと協議し、ＳＩＢなど地域のお金の流れをコーディネートする「東近江三方よし基金」の設立に動いた。「地域活動で、いつも問題となったのは、資金です。ＮＰＯ法人などが融資を受けるのは、簡単ではない。補助金という枠組み以外で何かないかと検討し、基金の設立にたどり着きました」。

市と金融会社が基金を運営する東近江市版ＳＩＢの仕組みは、行政の補助金の概念を打ち破るものだ。補助金といえば、「縦割り」「無駄」「利権」といったマイナスのイメージがあるが、それとは全く異質だ。

山口は強調する。「これまでは市がその事業を審査して、補助金を出す。それきりだった。しかし、この仕組みは市民が自分たちで地域づくりをするきっかけになる」。

山口を取材して、私の公務員像はがらりと変わった。結局、公務員も人なのだ。縦割りや前例踏襲といった公務員ばかりではない。〝火種〟をもった公務員が飛び込めば、地域が躍る。窓の外を眺める山口の顔が私の脳裏に焼き付いている。

左●秦野市政策部公共施設マネジメント課の志村高史課長
右●秦野市役所の敷地内に建つコンビニエンスストア

市職員の闘いで「ハコモノ」を三割削減
（神奈川県秦野市）

取材：2017年7月

ハコモノは「時限爆弾」

人口約一七万人の神奈川県秦野市《はだの》に、カリスマ公務員がいると聞き、私は駆け付けた。その公務員は、これまで全国一三〇の自治体で講演し、引っ張りだこだ。政策部公共施設マネジメント課課長の志村高史《たかし》（53）である。

市役所で会った志村はまず「時限爆弾」という言葉を発した。公務員らしからぬ言葉だったが、それは市内にある老朽化した公共施設、すなわちハコモノのことである。学校、庁舎、公民館、図書館、文化会館、体育館、高齢者施設などだ。学校など住民生活に不可欠のモノもあるが、「福祉は大切」「生涯学習は大切」などの謳い文句で、次々に造られてきたハコモノも少なくない。

高度経済成長期やバブル期に整備されたハコモノは今後、一挙に老朽化してくる。建て替えなどの更新時期が迫っている。

道路や上下水道なども、高度成長期に造られており、それも、ある時期になると爆発する「時限爆弾」である。秦野市だけではない。全国どの自治体でもほぼ共通に抱える問題といえる。

それでは、「時限爆弾」をどう処理するのか。簡単ではない。いざ削減となると、住民や議員から反発が飛び出す。通常、公務員としてはあまり触れたくないテーマだ。さらには内なる敵もいる。役所の中の「もんだ族」である。

「もんだ族」というのは、「世の中こんなもんだ」「〇〇とはそういうもんだ」という発想から抜け出せない公務員のことだ。つまり、彼らは、前例踏襲や縦割りを重視する。

さまざまな「抵抗勢力」が跋扈《ばっこ》する中、秦野市は全国の自治体でいち早く、その問題に着手した。その〝実行部隊〟として終始汗をかいたのが、志村だ。「当時の企画総務部長は課長と課長補佐だった私に『三人でサンドバッグになろう』と言っていましたが、まさに『もんだ族』からサンドバッグ状態でした。『将来世代のために頑張れ』とよく部長に言われました。体調を崩すほどプレッシャーがかかりました。正直、サンドバッグになりたくないというのが本音でした」と笑う。

志村は「もんだ族」との闘いの経緯について語り始めた。

始まりは、二〇〇八年四月の人事異動だった。企画総務部の中に専任の組織ができて、志村はそこに配属された。

なぜそんな組織ができたのか。当時の企画総務部長の問題意識が火をつけた。人口減少社会が到来しようとする中、公共施設を今のまま維持できるのか。福祉部長から横滑りした部長が、急ピッチな高齢化に懸念を示したのだ。

当時の課長と志村に出された指示は、「公共施設のあり方を抜本的に見直してくれ」。

志村は述懐する。「何をやればいいかさっぱりわからなかった。公共施設の全容を把握することから始めました。公共施設というのはそれぞれの所管の省庁が決まっていて、補助金で造られている。どこにどれだけあるのか、いくらかかっているのか、どれだけの人が利用しているのか。自分たちが管理する施設についてはわかっていても、それを網羅的に捉えたものがなかった」。

まず、調査書を施設の管理課に送付した。そこに、公共施設の土地の面積、建物の面積、建設時期、耐震補強、利用者数、維持管理費などを書き込んでもらった。

そのデータを集約。現場も取材して、できあがったのが、二〇〇九年一〇月に公表した「公共施設白書」(ハコモノ白書)である。コンサルタントに頼らず、志村が中心となり、作成に没頭した。国などの補助金でかつて争うように造られたものばかりだ。

財政が豊かな時代。公共施設を建設する際、建て替えの費用など計算していなかった実態がわかった。

当時、役所の中では、国から補助金はいくらで、一般財源をいくら充てるか、そんな議論ばかりだった。住民も、利用者数は少なくても自分の家のそばに欲しいと要求したという。人口が減少し、税収が落ち込む時代を想定していなかった。

カリスマ公務員・志村の表現は生々しい。「白書はまさに『パンドラの箱』。住民の既得権、あるいはエゴといったものも見えてくる。また、役所の中の前例踏襲とか、事なかれ主義とか、そういうものが全部浮き彫りになった」。

「パンドラの箱」とはギリシャ神話に出てくる言葉だ。あらゆる災いが詰まっている、開けてはならない箱だ。ただ、この箱には最後に「希望」が残ったと言われている。

志村はそういう意味で、「ハコモノ白書」は最後には将来世代への希望となるようにしたいと意気込む。

夜の公民館を学習塾に

白書は、市内にある四五七のすべての公共施設の現状と課題を挙げた。一つ一つの公共施設について、実に具体的なデータを盛り込んでいた。

例えば、公民館。それぞれの公民館の稼働率や利用者数だけでなく、時間別の稼働率や部屋別の稼働率などをデータで示した。

大事なのは細かいデータだ。インターネットの予約システムから、データを入手できた。わかってきたのは、どの公民館も稼働率が極めて高い時間帯は午前中で、部屋は大会議室だった。住民から公民館が足りないという声を聞くが、実は、使いたい時間と部屋が集中しているだけだった。

「利用者の数だけを比べて、少ない方だけを廃止して、多い方に統合する。これをやると失敗すると思う」

志村の言葉はどういう意味か。

データの分析によれば、稼働率の高い公民館と低い公民館の違いは、夜間に使われているかどうかだ。夜間あまり使われていない公民館については、学習塾などに貸し出したほうがいいというのが志村の考え方だ。時間貸しで使用料をとれば、市の財政に貢献する。

そして、子どもたちの教育にも役立つ。学習塾が駅前のビルを借りて塾を運営する場合、家賃も高い。子どもが負担する月謝は三万円ほどになるかもしれない。一方、公民館を開放すれば、コストダウンが可能だ。家賃ではなくて時間に応じた使用料でやれば、月謝は大幅に下がる算段だ。縦割りで外から実態の見えなかった公共施設だが、白書を作成することで、さまざまな利用方法が浮かび上がった。

白書は、行政や住民に都合の悪い情報も包み隠さず、さらけ出した。

その後、志村は白書を踏まえて、実行段階に入った。第三者の目が必要だと考え、東洋大学教授の根本祐二《ゆうじ》を委員長にした検討委員会を立ち上げた。秦野市はその委員会のメンバーと一緒に実施計画を策定しようとした。そこで、志村は衝撃を受けた。当初は、なるべく多くの施設を残すつもりだったが、それは甘い期待だった。財政状況や、将来の人口推計を踏まえると、大幅に削減せざるを得ないという結果が出たのだ。

そして二〇一一年に公表したのが、公共施設いわゆるハコモノの削減目標だ。原則として、新規のハコモノを造らない。その結果、四〇年間で公共施設の総面積の約三一パーセントを削減する目標だ。全国の自治体で初めての数値目標設定である。

ハコモノ白書からハコモノ削減数値目標。一連のプロセスは役所に激しい摩擦を生んだ。

志村は「差し障りあることばかり書いたので、庁内から袋だたきに遭いました。部長会議で発表すると、猛烈な反発もあった。しかし、ここで踏ん張らずに、引っ込めてしまうということは、将来の市民に対して非常に無責任なことになると自分に言い聞かせました。白書は客観データなので、『ハコモノを造れ』とごり押しされる際には武器になった」と振り返った。

さらに、「もう新しいハコモノを造らないことを、真っ先に掲げた。学校など必要なものはきちんと、建て直す。ただ、なんとかセンターとか、なんとか館とか、そういうものはもう造りません。今あるハコモノが維持できないという計算の結果が出ているからだ」と強調する。

秦野市は実際、市内の小中学校に関しては、統廃合をせず、古くなったら建て替える方針だ。一方、学校の周辺にある公民館や児童館については廃止し、学校に移転・集約していく予定だ。住民にとって、慣れ親しんだ小中学校は拠点としては残すという。

「もんだ族」からの反発と抵抗

しかし、ハコモノ削減を大きくアピールすると、市民の間では不安感が高まる。「市民サービスが低下するのではないか」「生活が不便になるのではないか」。

そうした懸念にも対応する必要があった。その目玉事業が、豪華な保健福祉センターの有効活用だ。

その豪華な建物は、一階のロビーが広々としている。そこの空きスペースに秦野緑郵便局に入居してもらった。郵便や貯金などの業務だけではない。そこでは、住民票や印鑑証明書などの引き渡し業務も委託した。

市民の利便性は向上した形だが、保健福祉センターを管轄する市の担当からは、反発が出た。

「人に貸すくらいなら、保健福祉センターはあくまで福祉の充実を図るべきだ」と従来の行政論を展開したのだ。前述した「もんだ族」の抵抗である。

しかし、志村はひるまなかった。保健福祉センターの維持費は年間八〇〇〇万円かかる。一方、郵便局に貸し出せば、年二〇〇〇万円の賃料が入る。それを積み立てて将来の改修費などに使うべきだと論じた。

「福祉だからといって税金をふんだんに使うことはできない時代だ。従来の福祉行政のやり方に慣れ親しんだ人に、発想を変えてもらうのは簡単ではない」

そして、この豪華な保健福祉センターはもう一つ、「お金」を生み出す施設として大化けした。志村は、部屋ごとの夜間使用率を調べた。ほぼ毎日、どこかの部屋は使われていた。そのため、夜間を閉館するとはいいにくい。

そのとき、頼ったのもデータだ。機能が同じ三つの会議室は、夜間同時に使われる確率はわずか一パーセントだと判明した。それなら塾や講座に貸し出すほうが得だ。

そんな考えから、一六年四月から始まったのが、「不登校の子の自習室」「高齢者向けパソコン教室」「英会話教室」の三つの教室。使用料は一時間一五〇〇円。年間四〇万円の収入となる。市民の知識の向上を図るとともに、維持管理費に充てる収入を得ることができる。ほかの利用者からの苦情が来ても、一パーセントというデータを提示すれば納得してもらえる。そんな皮算用があった。

役所の中の「もんだ族」は、「市民サービスの向上のため」という錦の御旗の下で、通年開館や夜間開館していることを当たり前だと主張する。公共施設は赤字であっても構わないというスタンスだ。そうした〝抵抗勢力〟に、志村はデータを突きつけ、一つ一つの現場で、闘ってきた。

私は志村課長の生き生きとした話を聞きながら、公務員というより、ベンチャー企業の社員のような気がした。儲けなければいけないという感覚が実に新鮮だった。それにしても、通常役所といえば、なるべく目立たないように生きる職員が多い。そんな風土が常識となっている世界で、どうしてカリスマ公務員が生まれたのか。

その元をたどると、市長に行き当たった。

市長発のアイデアで役所敷地にコンビニ

市長の古谷《ふるや》義幸《よしゆき》はもともと、プロパンガス店を営む。民間出身だけに、公務員の仕事にもっとビジネス感覚が必要だと考えていた。

「秦野市の公共施設の維持管理は年間六五億円だ。これだけ巨額の支出があるにもかかわらず、行政組織はカネの使い方に無頓着だった。職員はカネがどこからか湧いてくるとでも思っていた。こうした姿勢をまず変えないといけないと思った」

市民にも矛先は向く。「市の施設を『タダで利用できる』と思う人もいますが、施設には、お金がかかっている。それを誰かが負担している。そこで白書では具体的な数字が必要だと思いました」。

そのうえでこんな考えを示す。「公共施設にはデッドスペースもたくさんあるが、そうした所も有効活用できる。公共施設は工夫次第でカネになる宝の山だ。いわば『都市鉱山』だ」。

それは言葉だけでなく、実践されている。

秦野市役所の敷地内にはコンビニが建っている。「コンビニを呼んだら儲かるのではないか」という古谷の発想がきっかけだった。工事費はすべて、店舗側がもつ。賃料収入がしっかり入る仕組みになっている。

役所の中に入っているコンビニは少なくないが、役所の敷地内で独立した店舗はこの秦野市が初めてだという。こうした店舗だと、コンビニにとっても、二四時間、三六五日の営業が可能だ。さらにこのコンビニでは、図書館の図書返却ができたり、住民票を受け取ったりもできる。秦野市特産の土産なども販売している。

秦野市にとっては、賃料収入が入る。空き駐車場ならお金にはならなかったのに、「稼ぐ拠点」になった。

秦野市役所の意識改革は徐々に始まり、コスト意識が芽生えてきている。

富士山も眺望できる温泉施設の「名水はだの富士見の湯」。ゴミ焼却場の焼却熱を利用した温浴施設で、地元自治会から要望が上がり、建設したものだ。二〇一七年一〇月の秋にオープン。市の施設だが、市の担当者はまず「コスト」を重視した。

指定管理者制度を利用して、運営は民間に任せることにした。その結果、市には月一〇〇万円入る仕組みになっている。それは修繕費に充てる。ただ、市の担当者はさらに踏み込んで、建設費の回収も考えた。そこでたどり着いたのは、コンセッション方式である。土地や建物を所有したまま、三〇〜五〇年の運営権を売却する仕組みだ。

ハコモノ三一パーセント削減計画を打ち出していることから、新規のハコモノは採算性が重要なのだ。その意識が職員の間でも浸透し、知恵が出てくる。

古谷が市長に就任して以降、秦野市の財政も大幅に健全化している。〇六年度と一五年度を比べると、市債、つまり市の借金は四〇一億円から、三二九億円に減った。一方、市の貯金、財政調整基金は四億だったが、三〇億円になった。実に七・五倍に膨らんだのだ。

「将来の市民」のために

さらに、古谷や志村らは、市民に対しても丁寧に説明した。なぜ数値目標が必要で、それを実行しなければならないのか。そしてそれを先送りすると、次世代に大きな負担になると示したのだ。こうした説明は効果が出ている。アンケート調査によれば、ハコモノ削減大作戦は、市民の七〇パーセントほどが賛成している。

志村はハコモノ削減をこう総括する。

「私たち現在の市民は、将来の市民に対し無責任であってはなりません。子や孫の世代に大きな負担を押し付けないために、今私たちができること、しておかなければならないことがあります。そこから逃げてはダメなのです」

私はこの本では、主に民間の人々を取り上げている。〝火種〟をもち、伝統産業や地域を活性化した人々はまさしく、地方創生の志士だった。彼らの話を聞きながら、日本は地方から変革が起きていると実感した。しかし、地域づくりに不可欠なのは、市長や公務員である。役所こそが本気になって動かなければ、地方の衰退を止められない。今回出会ったカリスマ公務員の志村には熱き情熱が詰まっていた。こうした飛び抜けた存在が認められている秦野市の将来は輝いていると実感した。

前地方創生担当大臣の石破茂《いしばしげる》も秦野市の取り組みを高く評価する一人だ。近著『日本列島創生論』（新潮新書）でこう表現している。

「秦野市のような自治体と、いまだにハコモノを作る発想から抜けない自治体とでは、将来は大きな差がついてしまうのは明らかです。後者は、一時的には大きな建物を建てて、景気が良い気分になれるかもしれませんが、そういう無駄なものがどうなったか。すでに墓標のような建物は全国にあるでしょう」

墓標のような建物といえば、私は、北海道の夕張《ゆうばり》市の遊園地や博物館を思い出す。夕張市は結局、ハコモノの重荷に耐えられなくなって破綻した。

夕張市は決して他人事ではない。人口減少という忍び寄る有事の今、将来の市民のためにサンドバッグとなっても闘えるかどうか。公務員の覚悟、そして首長のリーダーシップが問われている。

左●常滑市の山田朝夫副市長
右●経営破綻寸前から再生した常滑市民病院

地域再生請負人「流しの公務員」の流儀（愛知県常滑市）

取材：2018年7月

キャリア官僚を辞め地方自治体を転々

「流しの公務員」。そう自ら名乗るのは、愛知県常滑《とこなめ》市副市長の山田朝夫《あさお》（57）だ。公務員の形容詞としては、違和感が面白い。〝フーテンの寅さん〟のような公務員のことなのか。実は、れっきとした東京大学法学部卒のキャリア官僚だった。一九八六年に自治省（現・総務省）に入省した。ところがそのポストを捨て二〇年間、腕一本で全国各地の自治体を渡り歩く。「流し」というネーミングの由来だ。仕事は問題解決である。市民病院の再生、市役所の庁舎建設……。直面する問題は何でもござれ。

「霞が関で素晴らしい政策をつくっても、現場できちんと実施されなければ、日本は良くならない」

そんな思いで、地域に飛び込んだ。その割り切りの良さに、私はただ驚愕するばかりだ。しかも、その手法はトップダウンとは一線を画す。住民の意見を聞き、議論を重ね、合意を形成する。さらに、役所のトイレ掃除も自ら進んで行う。

「『俺についてこい』というやり方は今や通用しません。住民の意識が高くなっているからです。役所の意思決定プロセスに住民も参加するのが大事なのです」

目線は低い。私はこれまで数多くのキャリア官僚を見てきた。役所で次官を目指したり、途中で地方の首長に転身したり。あからさまに権威を振りかざさなくても、笑顔の裏に、「プライド」が見え隠れする。山田の表情や言葉は、そうしたキャリア官僚とは、異なる。「住民のためになるなら何でもする」。それがモットーだ。「流しの公務員」とはどんな仕事なのだろうか。

＊

人口約五万九〇〇〇人の常滑市は、伊勢湾に面している。海上の埋め立て地に中部国際空港セントレアを有し、焼き物の町として知られている。名古屋から名鉄で約四〇分。私は七月のある日、山田に会うため、この地を訪れた。

笑顔が印象的な人物だった。「流しの公務員」の名前を一躍、全国にとどろかせたのは、市民病院の再生だ。山田はその現場を案内してくれた。

常滑市民病院は、かつて市民ならぬ「死人」病院と揶揄されていた。赤字垂れ流しで市のお荷物だった。

ところが、丘の上にそびえたつ病院は堂々としていた。二〇一五年五月に移転し、オープン。一歩踏み入れた瞬間、建物の中の明るさに驚いた。エントランスは吹き抜けの広い空間だった。見上げると、タイルを貼り付けた巨大な壁画があった。審査会で選ばれた地元の高校生が全体をデザインした。壁面は、一五センチ四方のシートに分けられている。そのシートは、一人ひとりの市民が一センチ角のモザイクタイルを並べ制作した。合計二九一二枚。それだけの数の市民が関与した形になる。有名な芸術家が制作したものではない。市民みんなの手作りの芸術作品だ。

「素人の作ったものを公共の場の装飾にして大丈夫かという意見もありましたが、私は、みんなで作った市民病院にしたかったのです」

壁画だけではない。病院には、山田のこだわりが満載だ。エントランスホールの大きな柱には「コミュニケーション日本一の病院」と、書かれている。病院内に掲示される文字はやたら大きい。「リハビリ」「検査」など目を引く。

「お年寄りにすぐにわかるように大きな文字にしました。『リハビリテーションセンター』『臨床検査センター』など、役人は後で文句が出ないように、正式名称を使いたがりますが、『リハビリ』『検査』で十分です」

最上階のリハビリの部屋は眺望が抜群だ。「患者は社会への復帰のためにリハビリをしています。だから、リハビリ室は、外を眺められる場所が適しているのです」。

山田の眺望へのこだわりは天下一品だ。設計前の段階で、山田は消防署にはしご車を使わせてほしいと頼んだ。自ら、屋上の高さまで上げてもらい、眺望を確認した。「消防署長からは『本当はこんなことやってはいけないのですが』と言われました」。そう笑い飛ばす。

さらに、一つ一つのベッドのそばには必ず窓があるよう設計した。入院患者が明るい雰囲気で、過ごせるようにという配慮だ。

緑のエプロンをした人が目についた。彼らは市民ボランティアだ。外来患者の案内係をやったり、庭の掃除をしたり、包帯巻きの手伝いをしたりする。一三〇人が登録しており、病院内にボランティア室もある。

多くの患者が往来し、病院スタッフ、市民ボランティアがいきいきと働く。それが常滑市民病院だ。誰もが羨むような公立病院だが、実は厳しい道のりを経た結果だった。

毎年一〇億円　赤字破綻の一歩手前

病院再生物語を描く前に、「流しの公務員」の人物を少し探訪したい。

通常、総務省のキャリア官僚は地方と東京を行き来して、一歩ずつ階段を上がる。最終的には、局長、次官のポストを目指す。

山田はそんな〝ピラミッド〟に背を向ける。若き日に大分県庁に赴任してから、「現場」にこだわるようになった。当時の知事・平松守彦《もりひこ》の指示で、人口約四七〇〇人の大分県久住町《くじゅうまち》（現・竹田市）に通った。

そこで目覚めた。国の仕事より、「現場」のほうが自分に向いている。東京に戻って一年後の一九九七年に、久住町に戻る。キャリアが町の一般職に出向するのは、前例がない。この経験をきっかけに「流しの公務員」の道を選んだ。大分県臼杵《うすき》市、愛知県安城《あんじょう》市、常滑市と転々とした。

山田が常滑市にかかわり始めたのは、二〇〇八年だ。当時は同じ愛知県安城市の副市長。そろそろ任期も終わりかけていた。そのとき、当選したばかりの常滑市長・片岡憲彦《のりひこ》が山田に白羽の矢を立てた。役職は、一般職員の参事だ。副市長より格下だが、山田はそんなことは意に介さない。ちなみに片岡は常滑市の元職員で、自治大学校に研修生として派遣された経験がある。そのとき、教授だったのが山田だ。つまり、片岡は七歳年上ながら、山田の教え子である。

就任後、山田は財務状況を調べた。当初、数字を見る限り、借金は多いものの、それほど悪くないと思った。少し職員の給与をカットすれば、赤字解消のメドがたつ。

しかし、それは幻想にすぎなかった。財務当局の中堅の話を聞いて愕然とした。予算規模二〇〇億円の常滑市が、今後、毎年一〇億円の財源不足が続くという。異常事態だ。

「実質的な経常経費が投資的経費に付け替えされていた。私に言わせれば『粉飾決算』。実態は赤字だったのです。人生で最もつらい思いをしました。布団に入ってもなかなか寝付けません。夢の中で、どう計算しても一〇億円足りない。うなされるのです。車で通勤する際、辞めたいと何度も思った」

常滑市には、競艇場があり、そこから巨額の収入があった。それを期待して、身の丈に合わない公共施設や福祉施設をたくさん造った。しかし、バブル崩壊以降、競艇収入は激減していた。「いわば、破綻の一歩手前だったのです。『競艇でボートが一周すれば、すぐにお金が入ってくる。貯金などする必要がない』。そんな甘い考えがあったのです」。

それまでの市長や幹部は、深刻な状況を見て見ぬ振りをしていた。財政担当者は進言していたが、聞き入れられなかった。仕方なく、その場しのぎを繰り返していた。

「彼は一人で抱え込んでいた。私が『大変だったでしょう』と言うと、ほっとした顔をしていました」

職員給与一三パーセントカットの衝撃

山田はさらに、財務当局が予算策定の際につくった査定資料を調べた。厚さ一〇センチほどの資料は八冊もあったが、一ページずつ繰った。すると実態が浮かび上がってきた。優先順位の低い事業を廃止せず、事業費を毎年一律に五〜一〇パーセントずつカットしていた。そんなことを続ければ、すべての事業がうまくいかなくなる。やめるべき事業はやめなくてはいけない。

赤字の大きな要因は市民病院だった。毎年七億円以上赤字を出し続けていた。一般会計から多額の繰入金をつぎ込んでいたが、資金不足は〇九年度時点で一四億円と膨れ上がっていた。

建物は築五〇年を超え、老朽化が進んでいた。病院スタッフも、そうした環境下で、働く意欲を欠いていた。「当初は病院を潰そうとも考えました。ただ、計算してみると、潰すにしても、最終的には、三〇億円の費用がかかりそうでした」。

資金不足を解消しないと、新しい病院を建設するための起債、つまり借金は認められない。八方ふさがりだった。常滑市民病院は、新築して再生するにしても、潰すにしても、これまで以上に市側からのお金が必要だった。

そのため、「市職員の人件費をカットするしかなかった」。削減幅は平均で実に一三パーセントだった。財政再建のため、市職員の給与は当初、八パーセント削減とされてきたが、病院再生のために五パーセント上乗せした。破綻した夕張市ですら当時二〇パーセントの削減。一三パーセントカットは、相当な痛みを伴う改革だ。

幹部職員を集めた会議で、徹底的に議論した。すると「なぜ一般職員だけが病院の赤字を被るのか。責任は病院にあるのではないか」。そんな反発が出た。赤字を膨らませた責任は市民病院にある。そのため、病院の医師や看護師の給与カットが自然な考え方だ。しかし、周辺の自治体ではどの病院も医師や看護師が不足している。病院職員の給与引き下げを実施すれば、優秀な職員がよその病院に逃げてしまうだけだ。

山田は市民病院のデータを調べた。外来、入院ともに患者は大幅に減っていた。医師の数が減ったのも、収入減につながっていた。

どのようにすれば、市民病院の経営改善を実現できるのか。確たるシナリオはなかった。手探りの中、愛知県の医療界の大物に助言を乞うた。愛知県がんセンター総長（当時）で名古屋大学名誉教授の二村雄次《にむらゆうじ》だ。

最初に叱責を受けた。

「なぜもっと早くに相談に来なかったのか。大学のサポートがないと、医師は集まらない」（二村）

二村は、入院患者数が重要という考えを強調する。そして、「年間を通じて一日当たりの入院患者数を一八〇人にすべきだ」と提言した。病院では当時、ピーク時でも一七〇人程度だった。年間平均では一六〇人を割り込んでいた。

病院職員は当初、その目標数は高すぎると不満を漏らした。しかし、二村は譲らない。二村は来院して病院職員を叱咤激励した。「皆が頑張れば、大学は常滑を見捨てはしない」。結局、目標数は一八〇人となった。医局、事務、看護部の部屋に小さなホワイトボードを置き、きょうの入院患者数と年間目標を書いた。すぐに効果が表れた。

当時の市民病院では、入院の必要のある人を断っていた。夜間に救急隊が受け入れ要請をしても、「専門の医師がいない」として、応急処置だけして、患者を帰らせることも多かった。入院患者を抱えるのは、医師や看護師にとって負担になる。患者が増えても給与は変わらない。「それなら……」と楽な方を選んでいた。

しかし、誰にでもわかる入院患者目標数が提示され、意識を改革するだけで、入院患者が増えたのだ。さらに、看護部が中心となり、病院の雰囲気が変わった。「一般職員が給与カットに耐えているのだから、私たちは頑張らなければならない」。

入院患者は急増した。目標数を大幅に超え、一三年二月には、二一〇人にまで達した。病棟はほぼ満床だ。看護師は、大忙し。病院の業績は奇跡的なV字回復を果たした。

「患者が増えると、病院の評判も良くなってきました。病院職員も目の色を変えて働くようになったのです」

常滑市民病院はある月、市からのお金、すなわち繰入金を除いて、収支がプラスマイナスゼロとなった。山田がその収支報告を議会で答弁すると、議場から拍手が起きた。

「そのとき、私は新しい病院ができるかもしれないと初めて思いました。涙があふれました」

老朽化した市民病院で静かなる〝革命〟が起きた。

「一〇〇人会議」で想定外の変化

市民病院を存続するにしても廃止するにしても、市民病院のあり方を市民で議論する場が必要だ。そう考えて山田は市民会議を立ち上げた。それが「みんなで創ろう! 新・常滑市民病院一〇〇人会議」だ。自らは仕切り役となった。「市民が議論して廃止となれば、市長が責任を問われることはない。また、存続となれば、市民は自分たちが決めたのだから、病院を支えてくれるだろう」。

メンバーは、無作為で抽出した市民が中心だ。それには理由がある。

「わざわざ手を挙げて参加する市民は、そのテーマに精通して思い入れが強かったりします。そうではなく、普通の人の意見を聞きたかったのです。市民会議は、地方自治法にはない制度ですが、意思決定プロセスに住民が参加するのは重要です」

ただ、市民病院問題は市にとって長年の懸案事項だ。自薦の人も無視はできない。結局、無作為の市民が六一人、自薦は三〇人。それに市職員と病院職員を加え、総勢一一一人の「一〇〇人会議」となった。

行政の意思決定への住民参加の手法としては、審議会などに「市民公募枠」を設ける自治体が多いが、山田はそうしたやり方にも限界を感じていた。「市民といっても、固定化された人物になりがち。一般的な民意とズレるリスクもある」。

「一〇〇人会議」は一一年五月から毎月一回開催した。会場は公開し、メディアの記者も駆けつけた。

当初、多くの市民委員が「新病院建設反対」だった。常滑市の財政のお荷物の市民病院は不要という考えだ。このため、病院職員には厳しい見方が多数だった。ところが、市民、病院、市役所が議論を進めるうちに、想定外の変化が起きた。

病院には、懸命に働いている医師や看護師も少なくない。山田は、「一〇〇人会議」では、あえて、こうした病院職員に発言の機会を与えた。副院長は、当直明けも病院で勤務している実態を告白した。また、看護師は「二四時間三六五日断らない救急体制」がモットーだと話した。さらに、患者に対する不満も出た。いわゆる「コンビニ受診」だ。わざわざ時間外に病院を訪れ、風邪薬をもらって帰る患者もいるという。

こうした議論を続けると、「一〇〇人会議」の雰囲気が変わった。市民委員の中で、「どうしたら市民病院は存続できるのだろうか」「私たちが病院を支えていこう」などの声が上がるようになった。

山田は振り返る。

「病院職員を批判する市民は悪気があるわけではない。知らないだけだ。病院職員が誠意をもって説明すれば、市民はわかってくれる」

会議は五回開かれ、「経営改善を前提に新病院を建設しよう」となった。

再度副市長に今度は本庁舎建設

山田は一二年四月に副市長に就任した。病院に「副市長」室を設けてもらい、「コミュニケーション日本一の病院」を目指した。その一環として、取り組んだのは玄関での挨拶。毎週月曜日に山田は事務局長らと一緒に、来院者に挨拶した。「おはようございます」。

それは、思わぬ効果もあった。来院者の年齢や状態、車椅子の利用状況などを把握できたのだ。新病院の設計に、重要な生情報となった。

市民病院の経営は急速に改善した。収入は大幅に増え、年間の赤字額は大幅に減った。ピーク時には一五億円の資金不足があったが、一四年度には一四億円の貯金ができた。そして、市の一般会計に二億円を返還した。その分一般職員の給与カットは減額された。

常滑市民病院は結局、一五年四月四日に竣工した。その翌日、山田は副市長の辞表を提出した。問題解決の後、さっと仕事から身を引く。それが「流しの公務員」の流儀だ。

病院での退任式は一階のエントランスホールで行われた。一五〇〇人以上の職員が集まるなか、スーパーマンに扮した山田が二階の踊り場に姿を現すと、爆笑と拍手が起きた。

退任後、民間病院で勤務していた山田は、一七年三月、再び常滑市副市長に就任した。市長の片岡のスカウトだ。今回の仕事は、市役所の庁舎問題。現在の庁舎は一九六九年に建設され、五〇年近く経つ。愛知県内の自治体の本庁舎としては唯一、震度六強以上の大地震で倒壊する可能性が高い建物だ。

この庁舎は当初、耐震改修される方針だった。一六年度の予算でも、設計費用を計上していた。そんな矢先に熊本地震が起き、ある自治体の本庁舎が、倒壊は免れたが使用不能になった。それを踏まえ、常滑市は、当初計画していた柱や梁の補強工事だけではなく、窓枠や天井板などの改修を含めた機能維持に方針転換した。改修費は当初想定から大幅に膨らみ、新築の場合との差が小さくなった。

そこで一度白紙に戻した。耐震改修か新庁舎建設か。さらには建設するなら、どこで造るか。片岡が頼ったのは、再び山田だった。

山田はここでも市民会議方式を採用した。無作為抽出した市民を中心に自由討議する。「『結論ありき』にならないよう、市側はあらかじめ方向性を示しませんでした」。

議論の末、市民病院に隣接する土地に新庁舎を建設することになった。有利な交付税制度を活用し、二〇年度までに完成予定だ。

「流しの公務員」山田朝夫は、行く先々の自治体で課題を解決する。

「私を誘ってくれる自治体はありますが、問題があるところばかりです」

山田は破顔一笑する。定年のない「流しの公務員」を求める声は今後も絶えないだろう。

第四章
「公民連携」でわが町を変える

左●オガールベース株式会社・オガールプラザ株式会社の岡崎正信代表取締役
右●オガールの全景（写真提供：岩手県紫波町）

雪捨て場が「稼ぐインフラ」へと変貌——オガールの奇跡（岩手県紫波町）

取材：2017年9月

「日本一高い雪捨て場」

駅前にある広大な空き地が、年間約九六万人の人が訪れる町に生まれ変わった。盛岡市から車で三〇分ほどにある岩手県紫波町《しわちょう》である。人口は約三万三〇〇〇人。そこに導入されたのは、役場と民間が連携した一大事業「オガールプロジェクト」である。補助金に頼らない「稼ぐインフラ」として、評価は全国に知れ渡る。

地方創生の成功例として取り上げられ、視察が殺到する。衆議院議員の小泉進次郎もその一人だ。国会で「地方創生の精神を体現するような素晴らしい町づくり」と強調、「オガール精神」と讃えた。ちなみに「オガール」とは、「成長」を意味する紫波の方言「おがる」と、「駅」を意味するフランス語「ガール」を組み合わせた造語だ。

ここはかつて「日本一高い雪捨て場」と揶揄されていた。不名誉なネーミングにも理由がある。税収が好調なときに、紫波町はこの土地を二八億円で購入した。その目算は誤った。いざ公共施設を建てる際には、カネはなかった。土地は放置せざるを得なかった。〝塩漬け〟のまま、用途は「雪捨て場」となった。

その土地はＪＲ紫波中央駅前にある。東京ドーム約二個分、一〇・七ヘクタールと広い。そそしてわずか一〇年で変貌したという。いま、どのような表情を見せているのか。私は九月のある日、東北新幹線に乗り込んだ。

盛岡で東北本線に乗り換え二〇分ほど。木造で建築された小さな駅に降り立った。目に飛び込んできたのは、スペイン・バルセロナの繁華街を彷彿とさせる町である。

目を引くのは、左右両側の建物の間にある、芝生の広場だ。建物の間隔は三〇メートル以上あり、広々とした空間となっている。このオガール広場に週末などにはテントが張られ、お酒や食事を楽しむイベントが開催される。紫波町だけでなく、県内各地から訪れるという。

駅を背に、広場の左に面した建物が「オガールプラザ」だ。官民複合施設で、地域産の木材で造られた。目玉は、中核施設である図書館だ。一階を覗くと、紫波町の基幹産業である農業関連の書籍がコーナーにずらりと並ぶ。さらに、親子連れの来訪を期待して、幼児用の図書が一角を占める。「お母さん、また図書館に行きたい」。子どもにそう思わせれば、「勝ち」である。確実に親も一緒に訪れる。それを狙っている。

佐賀県の武雄《たけお》市は蔦屋書店と提携した図書館をオープンし、話題となったが、それとは対照的だ。外部の資本に頼るのではなく、地場の人たちの手触り感のある図書館になっている。

この図書館は、サービス精神が徹底している。午前一〇時の開館前には、全員が並んで「いらっしゃいませ」という発声練習をする。来場者数を増やせば、この地域全体が豊かになると、誰もがわかっている。

図書館の入り口には、食やクラフトなどのイベントを開催できるスペースがある。そこには、キッチンも併設されている。このスペースのガラス扉を開ければ、芝生が広がるオガール広場に直結し、室内と外を一体化したイベントを開催できる。

さらに二階には、食べながら雑談できる部屋がある。図書館は「おしゃべり、飲食禁止」という概念を打ち破る部屋だ。同じ二階のフロアには、大小のスタジオも備える。最も大きい部屋は、最大一五〇人が収容でき、ちょっとしたコンサートも可能となっている。この大部屋は、全国から紫波町に殺到する視察者にプレゼンする際にも使用されている。

図書館に隣接するのは居酒屋だ。そこは地元の食材や酒などを提供する人気店となっている。さらにその隣には「紫波マルシェ」という産地直売の市場がある。野菜や果物を見ると、生産者は紫波町の人ばかりだった。さらに地元産の肉のほか、ベーコンやソーセージなどの加工食品が陳列されている。お客さんが殺到していた。年間約六億円の売り上げを誇るという。図書館、居酒屋、産直市場が連なる意外な風景だ。

オガールプラザのテナント入居率は一〇〇パーセントで、地場の事業者で占められる。賃料だけでなく、イベントを開催するたびに、使用料も入る仕組みになっている。「稼ぐインフラ」といわれる所以だ。

このオガールプラザだけではない。オガール広場を隔てた向かいにある民間複合施設「オガールベース」には、国内でも珍しいバレーボール専用コートがあり、床は国際大会と同じ仕様になっている。そこにはビジネスホテル&ドミトリーもあって、全国の選手たちが合宿に使う。その他にも、オガール地区にはサッカーの試合ができる「岩手県フットボールセンター」や、紫波町役場の庁舎、さらに保育園まである。

公民連携を実現した二人の男

かつての「雪捨て場」がいまや、人々の賑わいの場となった。その変貌の原動力となったのは、〝火種〟をもった二人の男だ。

役場で陣頭指揮をとったのは、前町長の藤原孝《たかし》（79）だ。一九九八年から四期一六年務めた後、いまでは引退生活を送る。オガールの中で、私にこう話した。

「抵抗する人は議会や住民などいっぱいいいました。でも、首長はぶれてはいけません。いざとなれば、私が責任をとるだけです。私が岡崎さんに任せました」

そして、これまでの駅前の整備計画を白紙撤回し、オガールに舵を切った。「そのまま巨額の投資をしていたら、北海道の夕張と同じような状況になっていただろう」と語る。

藤原が目を細めて名前を出したのは岡崎正信（45）のことである。岡崎は役所の人間ではない。父親が興した地元の建設会社の長男だ。

「私は、この町をなんとかしたいというような正義感でオガールに携わったのではありません。それは後からついてきた話なのです。私は自分の建設会社をどうにかしなきゃいけないと思っただけです。人口が減少し、経済が小さくなる時代に突入しました。建設会社は町が元気でなければ、生き残りは困難です。私にとって大切なのは、うちの会社の社員の幸せです。社員がまっとうな報酬を受け取り、仕事に誇りをもってもらうことこそが重要なのです」

岡崎は強烈な言葉を放つ。

「人が多く訪れ、お金が落ちるエリアになる。その結果、不動産価格を上げることが大切なのです」

土地の価格の上昇こそが、地域の活性化のバロメーターになるという主張を繰り返す。

オガールプロジェクトの奇跡をひも解くには、「公民連携」というキーワードが重要となってくる。公民連携とは、公共サービスや社会インフラを行う際に、民間の資金やノウハウを使う、補助金に頼らないやり方で、アメリカやイギリスなどで広まっている。

紫波町の「雪捨て場」を舞台に、「公」の側からは藤原、そして「民」からは岡崎が参戦した。奇跡は、〝火種〟を持つこの二人の存在なしには語れない。

公共施設が自立する仕組み

私の目の前に現れた岡崎は向こう気の強さを漂わせる男だった。そして理論派だ。

「人口が増えれば、社会資本投資は増える。そうすれば、公共事業も増えるのです。我々の建設業界は、人口の増加に密接に関係しています。しかし、いまのように人口が減少していく時代になると、これまでのやり方を変えなければなりません」

これまでの公共施設は、完成した段階で終了というパターンが多い。首長や地元の商工会議所の会頭などが晴れやかな様子でテープカットし、祝う。岡崎は、そんなやり方は人口減少の時代には通用しないと考える。

「公共施設は造ってからがスタート。どうやって稼ぐのか。それが一番大事なのです。長期的に収入が安定して、自立する仕組みが大切なのです。どうやって売り上げを伸ばすのか。公共施設に関してもプロモーションの概念が求められている」

ただ、オガールプロジェクトでは、岡崎建設は一切、受注していない。すべて町内の別の建設会社に発注している。「自分の儲けのためにやっていると思われたら信用をなくします。岡崎建設は、ほかのところでしっかり儲けています」と笑う。

建設会社の長男。そう聞くと、幼少のころから裕福なイメージがあるが、実際は、そうではなかった。岡崎の父は、山形出身。岡崎が中学生の時に建設会社を興したが、そんなに裕福ではなかったという。

岡崎は定期的な小遣いをもらわなかった。家の除雪をしたり、父の靴磨きをしたり。必要な業務を先回りして考えて、仕事をする。その対価として小遣いを得ていた。幼いころから「稼ぐ」意識が旺盛だった。

岡崎は、東京の大学を卒業した。卒業後の進路は、地域振興整備公団（現・都市再生機構）。建設省（現・国土交通省）などにも出向した。主要都市の駅前開発などに携わった。全国で、補助金に依存した大規模開発が失敗した例を見てきた。

「地域振興といっても、何をもって地域振興なのか全くわからない。地域振興というのは結局、官主導のマジックワードにすぎない。一方地方の側では、大きなハコモノを造って、リトル東京を造りたい願望がある。それが失敗の源。それではハコモノはあるけど地域住民の生活は不幸になる」

この「外」を見てきた男が、二九歳のときに紫波町に戻った。当時、建設業界は厳しい状況に立たされていた。バブル崩壊後、景気対策として打ち出された公共事業が一転、減少していたからだ。「国に陳情して、公共事業をしてもらおう」。そんな同業他社の声をよく聞いた。

岡崎はこうした声には強烈な違和感を覚えた。東京での勤務経験から、巨額の財政赤字を抱えた政府が、公共事業を発注する余力がないのは明々白々だ。お金のない人に、「お金をくれ」とお願いしているようなものだった。

岡崎建設の専務として会社を経営しながら、盛岡青年会議所で仲間たちとさまざまな議論をした。厳しい経営環境を痛感し、今後の会社の先行きを模索していた折、東洋大学大学院に公民連携専攻があることを耳にした。

岡崎はすぐに、東洋大学大学院に応募した。二〇〇六年一〇月から、毎週末上京する日々となった。金曜日に東京へ行き、夜間に二コマの講義を受けた。そのまま近くのホテルに宿泊し、土曜日は朝から五コマの講義を受けた。

従来の建設計画を白紙撤回

一方、藤原はもともと、リンゴ農家だったが、けがをしたため、運輸業に転身。トラック一台から事業を興した。そして、東北地方有数の運輸会社に育てた。やり手の経営者は、町議を経て、一九九八年に町長に就任した。五九歳のときである。

藤原にとって、最大の政治的な課題は、駅前の土地の活用方法だった。東京ドーム二個分の広大な土地。前の町長が二八億円を投じて購入を決定した。この土地に、役場や図書館、文化ホールなど総額一三四億円を投じて、ハコモノを造る計画だった。

しかし、経営者でもある藤原の目からすれば、計画通りの建物を建設するのは、紫波町の財政力から見れば、あまりに無謀だ。その税金は結局、将来にツケを残すだけになるだろう。そこで、これまでの建設計画を白紙撤回して、再度利用法を考えることにした。町にはお金がないが、この土地をこのまま放置するわけにはいかない。

藤原はもともと、民間の力を活用すべきだという考えの持ち主だ。ただ、具体的に妙案が浮かばなかった。ほかの自治体と同じように金太郎飴のような施設を造って開発しても意味がない。

そんなとき、知ったのは、岡崎建設の長男が大学院に通い始めたことだった。アドバイスを受けよう。町長室で向き合った。岡崎の口から飛び出したのは「公民連携」だった。それは東洋大学の大学院で学んでいるテーマだという。

岡崎の論理的な話を藤原は聞きながら、「直感的にピンときました」。塩漬けになった土地を活用するには、公民連携で進めるべきだ。役所だけではこんな大きな土地を開発する余裕はない。藤原は息子のような年の岡崎から教えを乞い、決断した。

いよいよ「公民連携」のオガールプロジェクトが動き出す。

役場職員も東京の大学院へ

藤原の動きは早かった。まずは、役場の職員にも勉強させなければならない。白羽の矢が立ったのは、商工観光課の鎌田《かまだ》千市《せんいち》だった。

「上司に、『断られるとは思っていないから』と切り出されました」

鎌田は東洋大学大学院での勉強を命じられた。塩漬けの土地の有効活用を考えろという指令だ。

鎌田は、商工観光課で商店街活性化に携わってきた。

「駅前の広大な塩漬けの土地が大きな課題だとは知ってはいましたが、自分とは関係のない他人事だと思っていました」

それなのに突然、「大学院へ」と指示され、「正直驚きました」。

岡崎と鎌田は同じ中学出身で、鎌田のほうが二歳年上。二人は、公民連携をどのように町有地の開発に役立てるのか、机を並べて、勉強した。

二人は、週末金曜日夜の講座を受けるため、一緒に東京で一泊した。鎌田は当時をこう振り返る。

「公民連携といっても、塩漬けの土地にどのように適用するか。皆目見当が付きませんでした。

大手のデベロッパーでも呼び込むことなのか。そんなことぐらいの規模だよなと思っていました」

役場の職員として、東洋大学大学院で勉強しても、本当にその知識を土地の有効活用に生かせるかどうか不安だったのだ。

二人は、金曜日の夜にはホテルの近くの居酒屋で紫波町の将来について議論した。鎌田は公民連携が本当にできるか不安になって、「大学院を辞めたい」と愚痴をこぼすと、岡崎から「弱音は聞きたくない」と叱責されたという。「この歳になると、先輩後輩が逆転するんですよ」と鎌田は笑う。

一〇〇回にわたる住民説明会

紫波町はその後、異例のスピードで動く。二〇〇七年四月に岡崎が媒体となって東洋大学と協定を結んだ。

東洋大学は紫波町を訪問し、どのような公民連携が可能か調査した。そして、四ヵ月後に報告書を発表した。その趣旨はこうだ。紫波中央駅を軸に三〇キロ圏内に六〇万人いる。岩手県で最も人口の多い地域だ。その特性を生かした上で、農業振興や観光開発、スポーツ振興などに取り組むべきだ――。そこに盛り込まれていたのが、町民、役場、民間企業が連携する公社を設立する構想だ。

だが地元の新聞は公民連携について、「黒船は救世主となるか」などと表現し、否定的な声も伝えた。

鎌田は当初一人で公民連携を担当した。〇八年一月には「公民連携室」が発足した。その部署は、役場内の調整を引き受けた。

藤原は当時を振り返る。

「痛感したのは、首長は途中でぶれてはいけないということです。そうなったら職員がついてこない。職員は町長を見ているのです。とにかく無駄な時間を使いたくありません。町長の仕事は方針を決めること。あとは職員がやってくれます」

広大な町有地は町の財産だけに、町長が勝手にプロジェクトを進めるわけにはいかない。住民への説明が不可欠だ。藤原は二年間にわたって、およそ一〇〇回、住民説明会を開いた。

しかし、住民説明会では批判が相次いだという。「行政がやるべき仕事を放棄したのではないか」「プロジェクトにかかわった企業が倒産したらどうするのか」。

藤原は膝を突き合わせ説明した。

「もちろん倒産のリスクはあります。しかし、町には開発するお金がありません。永遠に『雪捨て場』だけの土地にするか、それとも企業と行政と住民で発展する方法を考えるか。選択しなければならないのです」

さらに、町議会は紛糾した。「本来役所でやるべき仕事なのに、どうして岡崎にやらせるのか」。反対する議員が多くいた。藤原は「この仕事は岡崎に任せる。代わりになる人がいるなら連れてこい」と反論した。公民連携に関しては、住民や議会からの逆風は強まるばかりだった。「公」の藤原が住民や議会と向き合う一方、「民」の岡崎は八面六臂《はちめんろっぴ》の行動を起こした。そして、独自のネットワークを活用し、補助金に頼らず、自立した資金調達の手法を築いていく。岡崎はどんな仕掛けで、「オガールプロジェクト」を実現させたのか。

塩漬けの土地に集客施設を

岡崎は〇八年三月に東洋大学大学院を修了した。早速、紫波町型公民連携構築事業の仕事を請け負った。民間からの資金調達の策を練った。しかし、冷静に考えると、この土地は一〇年間も塩漬けされ、お金を生み出していない。そこに、どんな人が投資してくれるだろうか。岡崎は分析した。東京で地域振興整備公団や建設省に勤めた経験から、中途半端な商業施設を建設しても、最終的には逆に町の負担になる。

まずは、人が往来するのが肝要である。それが岡崎の基本理念だ。つまり、求めているのは、普遍的な集客装置だった。それこそが大学院で学んだ手法だ。

そんなとき、岡崎はある情報を聞きつけた。岩手県サッカー協会がフットボールセンターを県内に建設する方針だという。サッカー場は普遍的な集客装置になり得る。岡崎は藤原の了解を得て、誘致交渉に動いた。

聞いてみると、すでに他市町村が立候補していた。紫波町は五番目の〝参戦〟。厳しい戦いが予想された。

いかにして逆転するか。岡崎はある戦略を思いついた。フットボールセンターの下に水槽を造り、「雨に強いサッカー場」をアピールした。豪雨に見舞われても、水は水槽にはけ、フィールドは水浸しになることはない。もともと、この町有地には宅地開発が予定されていた。宅地開発をする際には、雨天時に溢水の被害が生じないように、調整池などの施設を準備しなければならない。この調整池をサッカー場の下に造れば、一石二鳥になる。

一方、町長だった藤原も即座に動いた。六〇〇〇万円の拠出をすぐに決めた。土地は有料で貸し出し、年間三〇〇万円の賃貸料が入る。単純計算で、二〇年で六〇〇〇万円となる。低金利が継続すると仮定すれば、元は十分に取れるという計算だ。プラスアルファもある。年間五万人の人がここでサッカーをすれば、その分お金も落としてくれる。紫波町では結論として六〇〇〇万円は決して高くないという判断に至った。

どうして紫波町が受注できたのか。岡崎の見立ては、いたってシンプルだ。「ほかの自治体に比べ、スピード感が全然違った。それが勝因です」。考えてみれば、役所と民間の最大の違いはスピード感だ。藤原が民間の岡崎に仕事を任せたからこそ、このスピード感が実現したのだと、私は痛感した。

フットボールセンターの建設が決定し、オガールプロジェクトは一気に動き出したという。前述したような住民や議会の反対論もなりを潜めた。「黒船」と恐れられていたが、町にサッカー場ができる。それが新聞紙上で大きく報道されてから、町には期待感が生まれ、建設の反対論は鎮静化した。

岡崎にとってフットボールセンターは普遍的な集客装置だ。図書館や役場庁舎もそうだ。こうした集客装置をベースに、岡崎はまちづくりの構想を描いた。

「紫波町の住民が盛岡に行って買い物したり、アマゾンで買い物したりするのは、止められません。紫波町の地元の駅前だからといって、そこで買うわけではありません。だからこそ、普遍的な集客装置、つまり、どんな時代になっても必ずここに人が集まるという仕掛けが必要なのです」

そこに人が集まれば、カフェ、居酒屋、ギャラリー、ショップなどが生まれる。さらに、そうしたお店ができれば、訪問者は確実に増える。その結果、エリアにお金が落ちる。最終的には紫波町の不動産価値の上昇につながる。岡崎はそんな経済循環を意識したという。

岡崎は年間集客目標について、紫波町の人口のおよそ一〇倍の三〇万人に設定した。しかし、現実にはその三倍の九六万人になった。オガールプロジェクトは、当時の岡崎の想定をも上回る集客力を見せつけた。

補助金に頼らず資金を調達

オガールプロジェクトの仕掛けは整ってきた。次の焦点は資金調達だ。岡崎はそこでも、大学院で学んだやり方を適用した。アメリカでの公民連携では、資金調達にフィナンシャル・アドバイザーが関与していた。それを、アメリカの投資銀行などでの勤務経験のある投資銀行家の山口正洋《まさひろ》に依頼した。山口は、「ぐっちーさん」という筆名で知られ、雑誌などにコラムを書き、そのブログにはたくさんの読者がついている。

山口は資金調達に「証券化」というやり方を提案した。リーマン・ショックのサブプライムローン問題で評判が悪くなったが、資金調達のやり方としては金融界では広く普及している。オガールプラザの場合、岡崎を代表とする特別目的会社の設立を提案した。この会社が資金調達、建設、運営、管理なども担う手法だ。建設費は一一億円。八・四億円は、図書館などの公共施設を紫波町に売却することで、調達する。

残りの約三億円をどう調達するか。融資や投資という形で、お金を外から入れてもらう。そこには、従来の補助金とは違う徹底した厳しさが必要だった。ちゃんと儲かるかどうか、そして配当を出せるかどうか。資金の出し手はその一点だけを見る。「一〇年以内の黒字化」が求められた。

そのためには何をすべきか。答えは明確だった。テナントがお金を稼ぐことだ。きちんと「稼ぐテナント」を探すのが重要だった。

結果的にテナント探しは、実に一年半におよぶ。稼げれば、どんな店でもいいというわけにはいかない。公共施設である限り、質のいい借り手が求められた。しかも、長期にわたって借り続けてほしい。選定は決して簡単ではない。

テナントの一つが、産直販売を行う「紫波マルシェ」だ。現在年間約六億円の売り上げを誇っているが、当時、紫波町内に産直の施設は九つもあったため、経営はうまくいくのか。銀行などでは、懸念する声もあった。

そこで紫波マルシェは、ほかの産直との差別化を図った。観光客向けとしてだけでなく、スーパーのように品数を増やした。さらに、店長には、盛岡市で数々の店舗を立て直した人物を起用した。店舗の差別化と選りすぐりの人選。岡崎は戦略的に動いた。

岡崎は結局、補助金に頼らず、融資や投資で資金を調達した。東北銀行からは一億三五〇〇万円の融資を受ける。また、国土交通省の一般財団法人も投資してくれた。特別目的会社の株を取得し、お金を投じてくれたのだ。

三階建ての計画を二階建てに修正

三億円の資金調達計画と大体の家賃収入が見えてきた。しかし、岡崎は新たな壁にぶち当たる。当初予定していた建設費では、一〇年以内に黒字にすることは極めて困難なことがわかったのだ。それでは、投資や融資を受けることができない。

岡崎が打った次の手に私は驚愕した。当初予定していた三階建ての鉄筋コンクリートを、木造二階建てにしたのだ。

オガールプラザに入居するテナントが払う賃料は決まった金額だ。融資や投資を受けるためには、建設費を下げるしかない。補助金で建てられている従来の公共施設では、考えられない修正の決断だ。

岡崎はこんな考えを示す。

「今までまちづくりの世界では、補助金が大前提だった。でも補助金をもらった結果として事業計画が甘くなり、地方にとって大きすぎるものを造った。その結果、テナントが入らないビルになったら、新たな投資は呼び込めません。誰も空き家ばかりの町に家を建てて住みたいと思いません。やっぱりあそこに行ってみたいと思われるような場所を造らなければならない。ダサいところには人は集まらないし、住みたいとも思ってくれません」

つまりオガールプラザは、紫波町が補助金と借金で建てたのではなく、岡崎がリスクをとって、資金調達して建てた建物なのだ。紫波町はその一部を買い取ったり、借り受けたりしているだけだ。「雪捨て場」でしかなかった土地が「稼ぐ」機能を持った。

そしてお金はこう流れる。テナントが特別目的会社オガールプラザに賃料を支払う。この特別目的会社が紫波町に借地料と固定資産税を払う。紫波町はそこから図書館の維持管理費を出す。

この図書館の職員は、開館前に挨拶の練習を行っていると説明したが、その理由はこうだ。多くの人が図書館を訪れ、周辺のテナントでお金を使ってくれれば、図書館の維持管理費も増える仕組みになっている。そのことを職員が熟知しているから、挨拶にも熱が入る。

全国には紫波町と同じような悩みを抱えた自治体は多い。そのため、視察が相次ぐ。オガールプロジェクトの視察に関しては、一人三〇〇〇円ほどの有料だ。

さらに、岡崎自身が全国を飛び回っている。「全国の自治体からコンサルタントの依頼を受けているのです」。

紫波町の成功のノウハウを導入しようとするのは自然だ。そう思って話を聞いていると、岡崎から強烈な言葉が飛び出した。

「庁舎建て替えなど、コンサルタント業務の依頼は多くあります。しかし、私は随意契約でないとやりません。随意契約というのは、すなわち民間を信用することだと思います。議会で追及されるのがいやだから随意契約には後ろ向き。そんな自治体の首長に『公民連携』はできません。競争入札は『安かろう悪かろう』です。コンサル業務も、価格競争となっては良い仕事ができません」

その言葉は新鮮だった。随意契約に対する私の小さな考え方に大きな影響を与えた。随意契約は国や自治体が公共事業を行う際に、競争入札を行わず、任意の業者と契約を結ぶことだ。競争相手がいないため、価格が高くなりがちだ。税金を使うだけに、不透明という批判が出る。

しかし、岡崎はあえて、公民連携では、随意契約が重要なポイントだと指摘した。考えてみれば、「なるほど」と納得する。指名競争だと、コンサルタントのほうも、費用をなるべくかけずに、他の町で請け負ったやり方をそのまま適用するかもしれない。岡崎の話を聞きながら、私は随意契約について批判的な論調で報道してきたわが身を恥じた。

元総務官僚が転職してくる

岡崎がコンサル事業で全国を飛び回る際、同行している女性社員がいる。川端元子《かわはたもとこ》（29）だ。一橋大学を卒業後に総務省に入省した元官僚である。佐賀県庁に出向した経験もある。一七年四月からオガールで働いている。岡崎いわく、「川端は偏差値が高いかもしれないが、いつも私から叱られています」。

なぜ岡崎の下で働くようになったのか。川端は説明した。

「地方から国の形をつくる仕事をしたいと思って、総務省に入省しました。ですが、地方分権で権限は国から地方に移っているのに、いまだに、地方は国に補助金を求め、県庁でも、国の役人のほうが偉いポジションに就いています。そんな現状に違和感を覚えました。地方の現場で何かをしたいと思っていたところ、オガールプロジェクトに驚いて、役所を辞めました」

さらに、これまで半年働いた感想を加える。

「役所にいたときの上司たちは法律や条例に照らしたり、前例を踏襲したりする仕事のやり方でしたが、うちのボスは全く違います。自分の頭で考え、自分の関心のあることに全力を出し、それをまちづくりにまで広げています」

川端は役所勤めの際、数々の首長を見てきた。「年配の首長は、自分の代に立派な庁舎や野球場を建てたがります。『俺が町に建物を造ってやっているんだ』という、上から目線の首長も少なくありません。しかし、そうした建物は、本当に住民にとって必要なのかどうか。人口減少の時代に将来的には重荷になり、墓標になる恐れもあるのです」。

人口減少社会のまちづくりは従来の発想を一八〇度変える勇気が必要だ。川端はそんな現実を肌で吸収している。

川端は富山県の射水《いみず》市出身だ。たまたま私の出身高校の後輩で、一人っ子だという。「いずれ戻るのか」と聞いたら、「まだわかりません」。

彼女のように岡崎に弟子入りし、外を見てきた人が帰って活躍できる場所があるかどうか。私は故郷、富山が問われているような気がした。

バレーボール専用体育館の理由

私は紫波町入りした際、民間複合施設「オガールベース」に入っているビジネスホテルに泊まった。その建物は、芝生を挟んで「オガールプラザ」の向かいにある。「オガールプラザ」より二年遅れて開業した。オガールプロジェクトは、四棟の建物の開発だが、「オガールベース」は二つめの建物だ。

そこには、コンビニや薬局、文具店なども入っている。「オガールプラザ」の図書館のような公共施設は入居していない。そのホテルには、身長二メートルぐらいの男たちが何人も泊まっていた。バレーボール選手が合宿していたのだ。この「オガールベース」の最大の特徴は、日本初のバレーボール専用体育館が併設されていることだった。前述したが、オリンピックなどで使用されている床材が用いられている。なぜバレーボール専用体育館なのか。

日本のスポーツにかかわる市場は年間五兆五〇〇〇億円といわれている。そのうち野球とサッカーがかなり大きなウエートを占める。

岡崎はこんな分析を示した。

「野球やサッカーは市場が大きいので、多くの自治体が野球場やサッカー場を造りたがります。バレーボールは小さな市場です。そこに我々が照準を合わせたら、全国ユースや全国中学選抜が合宿するようになりました。また、東京オリンピックの出場国のチームの合宿場にエントリーされました。どんなに世間がサッカーや野球で大騒ぎしても、『俺はバレーボールだ』という人は必ず一定数いる」

実は、岡崎建設を中心とする地元のクラブチーム「岡崎建設Owls」は二〇一四年の全日本六人制バレーボールクラブカップ男子選手権大会で初優勝している。岡崎も中学・高校でバレーボールをやっていた。バレーボール好きが高じて、ついには専用の体育館を造った。それが町の活性化にもつながっている。岡崎は紫波町を日本のバレーボールの中心地にしようという戦略を練る。

このオガールベースは総事業費七億二〇〇〇万円。オガールプラザで実績をあげた岡崎は新たに株式会社オガールベースを設立。東北銀行から融資を受けた。オガールベースのテナント料は、オガールプラザのときより平均で二〇パーセントアップしている。

現在、ホテルは部屋数が足りないほどの人気が続き、増築を予定している。人を町に呼び込み、稼ぐシステムは実績をあげている。

かつて東洋大学大学院で岡崎と机を並べていた鎌田千市はいま、紫波町公民連携室室長に就任している。

「現在の熊谷泉《くまがいいずみ》町長にオガールの精神は引き継がれています。最初に、集客力のある図書館や紫波マルシェのあるオガールプラザ。その後、バレーボールアリーナのあるオガールベース、紫波町役場。そして、熊谷町長になってオガール保育園や小児科のあるオガールセンターができ、子育て環境も整った。オガールの施設ができた順番も非常に大事だったと思います」

鎌田は役場の同僚と一緒にオガール広場の手入れなども行っている。私が会った日は、イベントが開催された翌日だっただけに、長靴をはいて清掃作業をしていた。

オガールプロジェクトは、岡崎という〝異能〟が扇の要となって実現した。そして、岡崎を発掘したのは、町長だった藤原だ。抵抗勢力が何を言っても、岡崎を守り通した。さらに、藤原の部下・鎌田も公の側から、汗をかいた。そして外から元官僚の川端も引き付けた。岡崎と藤原の〝火種〟は、紫波町、そして全国に飛び火する勢いとなっている。

人口減少社会という静かなる有事に見舞われたニッポン。巨額の財政赤字を抱えていることもあり、税金を当てにできない時代に突入した。明治以来続いた、地方が東京にぶら下がる構図は通用しなくなっている。そうした意味では、補助金の獲得や公共事業の誘致を力の源泉としていた首長はそろそろ退場したほうがいいような気がする。首長の手腕がかつてないほど重要性を増している。

第五章 「女性」が灯す、未来への火種

左●陽気な母さんの店株式会社の石垣一子代表取締役
右●大館市内の国道沿いにある「陽気な母さんの店」の店舗

年商二億円の体験交流型直売所「陽気な母さんの店」
（秋田県大館市）

取材：2018年4月

「地域再生大賞」を受賞

その日も、朝四時に起きて畑仕事をしてきたと話す。専業農家に嫁いで、一念発起した秋田県大館《おおだて》市の石垣一子《かずこ》（64）だ。初対面の私に「堆肥を扱っていたので、臭いかもしれない」と自分の服の臭いを嗅ぐ。飾らない性格。秋田弁丸出しで、屈託なく笑う。

私は四月のある週末、秋田県北部にある大館能代《のしろ》空港に降り立った。目的地は産地直売店の「陽気な母さんの店」だ。一歩足を踏み入れ、驚いた。野菜や果物、加工商品などが置かれているが、その棚が低い。立っていれば、全体をすぐ見渡せる。女性の腰ほどの高さにし、買い物しやすい環境を整えている。

石垣は明快な言葉を重ねる。

「生産者と消費者の間に溝があります。それを埋めたい。私たちは生産者であり、消費者でもあります。農家の嫁である一方で、主婦なのです。ただ売るだけなら値段ではスーパーにかないません。でも、スーパーで野菜を買っても、おいしい食べ方を店員に聞くことはありません。私たちはそうした相談にも乗れるような店づくりを目指しました」

私が訪れた日も、客が大勢詰めかけていた。「農家の母さん」の視点が消費者の心をとらえているようだ。店員との会話を楽しみに来店する客もいる。店には、そばなどを提供する食堂も併設する。

この店は二〇〇一年、常設の産地直売の店舗としてスタートした。「農家の母さん」たちが出資してつくった。その後、体験交流事業など新たな分野を展開して、売り上げを伸ばした。現在では年商二億円を上回る。一五年には株式会社化し、石垣は代表取締役という肩書をもつ。

直売所に隣接する工房では、そば打ちや、きりたんぽ作りができる。また、近くの畑ではリンゴやナシのもぎ取り作業を体験できる。こうした「体験交流」も一つの売りだ。

食から地域を発信する。安全安心な食材を提供し、家庭の味や地域の文化も伝える。「陽気な母さんの店」は、情報発信の拠点だ。弁当の宅配や体験交流事業なども手掛ける。次々に事業を拡大する理由を石垣は語る。

「大館市周辺では人口が減り続けています。今のままだと、売り上げが減少します。だから、新たな事業をやって売り上げを拡大したい。話題になり、注目されることが、地域の母さんたちの元気の源です。みんなで面白がりながら新しい企画を考えています」

経済情勢を分析しながらも、「面白さ」にこだわる。しかも行政の補助金に頼らないスタイルを貫く。全国から熱い視線を浴びるのも無理はない。「陽気な母さんの店」は一八年、「第八回地域再生大賞」の大賞に選ばれた。それは、地方新聞四六紙と共同通信社が地域活性化に取り組む団体を支援しようと設けた賞だ。地元を熟知した全国の地方紙が推薦して、その中から選ばれた大賞である。大げさかもしれないが、地域づくりの最優秀選手賞といえよう。地元紙「秋田魁《さきがけ》新報」が推薦した。

「私ら農家にとっては、『秋田魁新報』に載るのは、大変なことです。全国のこんな賞をもらえるなんて、申し訳ない、申し訳ない」。気取らない石垣の話に、私は引き込まれた。

実家は「三ちゃん農業」

「うちは典型的な三ちゃん農業でした」――。

「実家は何をされていたのですか」。そんな私の質問に、石垣の口から飛び出した「三ちゃん農業」。戦後の高度成長期に広まった。お父さんは勤め人で、じいちゃん、ばあちゃん、かあちゃんが農業を担う。それが「三ちゃん農業」だ。

石垣の実家は、乳牛、比内鶏、馬、田、畑など手広くやっていたが、父親は勤め人。石垣は「家の手伝いはTVドラマの『おしん』よりも、よほど大変でした。小学生のころは、朝三時に起きて、農業の手伝いをして学校に行きました」。このため登校時間に遅れる日も多かった。

当時農家では、男の子は跡取りとして大事にされるが、女の子は嫁に行くので厳しく育てられた。嫁ぎ先で苦労しないためだ。

忙しい毎日だったが、週末に畑に出るのは楽しみだった。母親と一緒に時間を過ごせたからだ。また、野菜をリヤカーに載せ、近くの温泉で販売することもあった。

高校三年生のときから親の勧めでお見合いを始めた。相手は農家の長男が大半だった。高校卒業後、会社で二年間事務系の仕事をした後、専業農家の男性と結婚した。果樹農家だ。結婚して「専業農家には給料がない」という現実を改めて実感した。

農作業を手伝いながら、家事や子育てをこなす主婦という立場である。急な出費もある。財布を握る姑に、「お小遣いが欲しい」とは言いにくい。三〇代になってようやく、姑に代わって財布を握った。家計の現実を肌身で感じた。リンゴの収穫期である九月から翌年の三月までは収入がある。しかし、それ以外の時期には収入がない。収入のある時期に少しでも生活費を浮かし、お金を繰り越すのが大事だ。家計簿を付けながら必死にやりくりした。

長女と長男、二人の子育てをしながら、農業に従事した。子どもに農業を継いでもらいたい。しかし、経済的には厳しいのが農業の現実だ。無理に継いでくれとは言えない。子どものほうから、「面白そうだから継ぎたい」と言ってもらいたかった。長男が中学二年生のとき、「父を超える農業人になりたい」と書いた作文を、中学校の教師がこっそり見せてくれた。石垣夫婦は喜んだ。

農家の女性一〇〇人の「血判状」

忙しい毎日を送りながらも石垣は、農家に嫁いだ同年代の女性らとの交流会を企画した。それが「ＪＡ若妻会」だ。嫁たちが口々にこぼすのは、「自分のお金や時間もない。少なくてもいいから毎月決まった額のお小遣いが欲しい」。

自分と同じ悩みだ。少しでもそれを解消できないか。そのためには、自分でお金を稼ぐことだ。目を付けたのは地元の特産である中山そばだった。その味を受け継ぎ、手打ちそばを作って売ろう。一九八三年に「中山そばの会」を立ち上げた。

年越しそばを売り出すと、それなりのお金が入った。「毎月年越しがあればいい」と思ったほどだ。「一人の力は小さいが、グループになれば大きな力になり、安定すると実感しました」。主婦たちが作ったそばは、市場やスーパーに納品した。

「活動は楽しくなりました。妻が明るいと、子どもが元気になり、家庭の健康を守ることができるのです。妻の居場所を確保して経済的に安定することが大切なのです」

石垣の夫は、リンゴやナシを栽培し、農協に出荷していたが、それだけではあまり儲からない。石垣は、消費者の人と直接交流したいと考え、軽トラックで農作物を売り歩いた。狙いを定めたのは女性が働いている縫製工場だ。すると、「リンゴとナシしかないのか。漬物やキュウリやトマトも欲しい」などの声も上がった。それなら、農家の嫁が力を合わせて、いろんなモノを買える場所にしよう。一九八九年、農家の主婦数名と一緒に、大きな縫製工場の軒下を借りて、直売所を開いた。

「農家の嫁は、自分たちがつくった野菜や果物を、客から『おいしかった』と言われるとうれしいのです。それが『心の栄養』になった」

そんな中、石垣は九五年にイギリスで研修する機会に恵まれた。「中山そばの会」が女性起業活動と認定され、女性農業士という立場で出向いた。そこで衝撃の言葉を耳にする。

「日本では、女性が三歩下がって男性の影を踏まず歩くと言うが、それは決して良くない。女性も男性と同じ立場でパートナーとしての責任を果たすべき」

石垣は決意を固めた。農業を〝家業〟ではなく〝職業〟にしたい。「農家の収入を計画的にコントロールし、安定した収益を上げたい。後継者には給料を渡せるようにしたい」。家長の指示で休日もなく働く状況を変えたいと考えた。

「母さんたちの得意なのは、お客さんと交流しながら売ることです。顔と顔をつき合わせて直売活動がしたい」。石垣は、農家の女性の仲間を募って、具体的な行動を起こす。九七年に「常設直売所を要望する会」を設立した。そして、市長や県議、市議を集めて、農家の主婦としての思いを伝えた。

「農家の嫁には、家事や子育て、農作業など多くの仕事があります。それをこなすだけではなく、自分で仕組みをつくる必要があります。私は胸を張って、農業を職業として選んでいると言いたい」

そして二〇〇〇年に勝負に出た。常設の直売所の設立を要請する女性一〇〇人の嘆願書を市議会に提出した。いわば農家の主婦たちの「血判状」のようなものだ。しかし、果樹農家の男性七人が反対陳情を出し、嘆願書は却下された。

「一〇〇人の女性の思いが、たった七人の男性に却下されました。農家の女性の声が認められなかった。悔しくて、声を上げて泣きました」

それでも諦めないのが「農家の母さん」石垣の真骨頂だった。農家の常設直売所については、公的事業としては却下された。しかし、どうしても自分たちの手でやり遂げたい。「女性はすぐに諦める。そんな前例ができたら、今後さらに女性の活動は認められなくなる」。

いろいろな人に相談した。農家の嫁には銀行も融資してくれない。ならば、自分たちがお金を出して、常設直売所を設立したい。その段階での女性会員は八八人。まずは任意団体「友の会」を設立した。会員が一人三万円ずつ出資する仕組みだ。さらに、一五年間のリース契約を結んで、土地と建物を借りた。

こうして「陽気な母さんの店」は二〇〇一年に産声を上げた。

契約には女性八八人が実印を押した。しかし、貸し手は、男性の実印も必要だと主張した。「女性だけの実印だと、信用してもらえないのです。いろいろな人に断られ、最終的に、私の夫に実印を押してもらった。夫には感謝している」。

リース料は月四三万円で、期間は一五年間だ。「一〇〇円の野菜を売って毎月のリース料が払えるはずがないと、批判されたりもした」。

ところが、滑り出しから順調だった。開業以来、リース料の支払いが遅れたことは一度もない。初年度の売上高は一億一〇〇〇万円と、目標の一億円を上回った。偶然ではない。緻密な計算に基づいた売り上げだった。売上高は〇六年以降二億円を超える状態が続く。

石垣は強調する。『常設直売所を要望する会』を設立してから四年間。この下積み時代に、いろんな人に会って勉強できたのがよかった」。

まず、会員の生産物や生産量、収穫時期を細かく把握した。ポイントは、「いつ、どこで、誰が、何を作るか」だ。生産と販売計画を緻密に立てた。その結果、策定されたのは、年間を通じての販売計画だった。

例えば、農作物は冬場がハウス栽培、夏場が露地栽培となるが、端境期もある。そんな時期には、漬物などの加工品を作って販売する。

一つ一つの果物や野菜、加工品に至るまで、生産者の名前が明記されている。「お客様は、あの人のモノを買いたいとやってきます」。

さらにこんな言葉を放つ。「旬のものを買うと毎日同じ野菜ばかり食べることになる。私たちも毎日家族の食事を作るので、それがよくわかります。そこで、旬の野菜の料理方法を提案しました」。

出資した会員は経営者でもあり、出品者でもある。大半が農家の嫁だ。自分の田畑で収穫した農産物を出品する。売り上げの一二パーセントは販売手数料として店に納めるが、八八パーセントは受け取る。振り込みは月に二回。少しでも早くお金が入る仕組みにした。

「多くの人は当初、夫が通帳を管理していましたが、私は会員に自分の通帳をもつように勧めました」

頑張って売れば、収入が上がる。自分の通帳があれば、それを実感できる。そんな仕組みを徹底したことから、主婦の労働意欲が高まった。さらに、毎月「全員会議」を開き、その月の反省と来月の計画作成を行った。どの商品がいつ不足するか会員に情報発信をした。出席しないとそうした情報入手が遅れる。このため、極めて出席率が高い。

修学旅行生に人気　農家民宿も開始

「陽気な母さんの店」はモノを売るだけではない。二〇〇四年から実施しているのは、体験交流事業だ。参加者は、隣接する工房や会員の果樹園で、そばやきりたんぽの料理教室や農作業の体験ができる。講師は、農家の母さんたちだ。農家を身近に体験してもらう。母さんたちは時には、市内の地域の公民館や小中学校に出向き、ゲスト教師となる。

「農家の母さんが『先生』と呼ばれるとすごくうれしいのです。母さんたちの『心の栄養』になります」

　石垣は笑みをこぼし、地産地消の重要性を訴える。

「地元の人に対しても、郷土料理や地域の農産物の味を意識的に伝えないと知られない時代になっています。大館でどんな野菜が作られて、何が旬なのかも知らない地元の子どもたちがたくさんいます。だから私たちは要請があればどこへでも行きます。子どもには大館の味で育ってほしいのです。大館市内にいるのに市外のものを食べていたら、大館の食べ物は衰退します。ふるさとの味を知らないで育つなんて寂しい」

「陽気な母さんの店」は、修学旅行生も積極的に受け入れている。当初は札幌市の中学校一校だったが年々訪れる学校が増え、二〇〇〇人以上が訪れる年もある。本場のきりたんぽと、おもてなしが評判となった。

さらに、農家民宿の事業も一〇年にスタートした。それは、農家が自らの住居を旅行者に提供する新しい形の宿泊施設だ。宿泊客は農作業を体験したり、その農家が作った農作物を食べたりできる。

なぜ農家民宿を始めたのか。

「修学旅行生に『また来いな』と言って別れるのに、いざ再び訪れても、受け入れる場所がないとかわいそうです。民宿では大人にも農村に来てもらいたい。農業に触れたり、『農家の母さん』に愚痴をこぼしたりしてもらいたい。大館が第二の『ふるさと』になればいいのです」

「食」で地域を発信するだけではない。秋田弁でも情報発信する。秋田弁でのラジオ体操だ。エプロン姿の農家の母さんたちが、老人ホームやゲートボール場で実演する。それは評判となった。

石垣は話題づくりに懸命になる一方で、戦略的に動いた。大館市に働きかけ、「まるごと体験推進協議会」を設立した。修学旅行は大人数の団体だ。農家の力だけでは限界があるからだ。その協議会は、修学旅行生の受け入れ窓口を一本化し、農業体験だけでなく、地元の伝統工芸品など体験メニューの幅を広げた。トップは石垣が務める。

「みんなで大館市をアピールし、訪れた人には少しでも長く滞在してもらいたい」。滞在型の観光を目指す。

新たな事業としては、山菜の作付けを始めた。大館市は山に囲まれており、山菜が豊富だ。旬の山菜を伝えるため、薬膳料理も始めた。山菜の栽培は簡単ではないが、一つ一つ課題を乗り越えたいという。

「私たちが誇りをもつ大館市の『農業』の魅力をもっともっと発信しなければなりません」

「陽気な母さんの店」は一五年四月に株式会社に移行した。大きな理由は、出資者である「友の会」会員の高齢化だ。友の会は八八人で立ち上げたが、会員が亡くなったりしたため、現在は六九人に減った。年齢は六〇代から七〇代が中心だ。今後も経営を続け、後継者に託すためには、株式会社化がいいと判断した。

株式を五株（五万円）出資すれば、正会員となれる。

「男性の入会も可能となっています。また、出資しなくても、応援会員という立場もあります。応援会員は、自らが作った野菜や果物、さらには手芸などを『陽気な母さんの店』で売ることができるのです」

経営者として奮闘する石垣だが、家庭はどうなっているのか。長男は高校を卒業し、一九九九年に就農した。それを機に、家族協定を結び、家族一人ひとりを給料制にした。

家族みんなで仕事を分担することにした。まずは石垣家の農業経営が成り立つためには何をすべきか。

「お父さんは果樹部門、息子は稲作部門、私は加工部門にそれぞれ分けました。目標達成に向けて仕事をするようにしたのです。最も大事なのは、息子の嫁を『家族の健康管理部門』の部門長にしたことです。家族の健康管理とは、いわゆる食事作りや家事、子育てです」

「家族の健康管理部門」部門長の嫁にも、もちろん給料を支払う。

「農家は体が資本です。特に子育ては農家の財産を育てているようなものです。だから『家族の健康管理部門』を設けて、ちゃんと仕事として確立したかった。農家の嫁は、家族全員のために掃除や洗濯をしていても、農作業をしていないと『遊ばせている』と言われてしまう。そんな状況を変えたかったのです」

息子の嫁には自分のような苦労をさせたくない。お小遣いをもらうことすら躊躇していたわが身を振り返り、嫁は堂々と「給料」を手にすべきだ、と石垣は考えたのだ。

そして長男と嫁との間にできた孫は今、一九歳。「稼ぐ農業をやりたい」という志で、北海道の農場で研修している。将来は大館市に戻り、友達と一緒に大規模農場をやりたいという。「農業を家業でなく、職業にしたい」。そんな〝火種〟をもった女性・石垣一子の思いは、未来へ脈々と継がれていく。私は日本の農業の突破口を見た思いだった。

左● NPO法人尾道空き家再生プロジェクトの豊田雅子代表理事
右● ガウディハウス(旧和泉邸)

尾道空き家再生プロジェクトを成功させた「巻き込む力」(広島県尾道市)

取材:2018年6月

空き家再生で子どもも急増

「ここ一年で子どもが一五人生まれました。この子たちがこの二〜三キロ圏内で同級生になるのです。私の二の腕に触ると、子どもを授かるという〝女子伝説〟があるようです」

そう笑い飛ばすのは、豊田雅子《とよたまさこ》（43）である。NPO法人「尾道《おのみち》空き家再生プロジェクト」代表理事を務める。空き家再生の仕掛け人は、大きな果実を生んだ。尾道市（広島県）への移住者が増えただけでなく、家族ができ、子どもも急増した。

「尾道は路地が狭いのです。そのため車ではなく徒歩や自転車が中心の生活になり、人と人が交わりやすい。だからカップル成立率も高いようです。昔は寺巡りをする高齢の旅行者が多かったが、今では若い女性の一人旅も多い。偶然、尾道で知り合い、結婚するカップルが増えています」

そして、カップルは新たな「生」を育む。「この子どもたちが今後、野山を駆け回ったり、お祭りに参加したりします。将来は出ていくかもしれませんが、いずれ帰ってきたくなるような尾道にしたいのです」。

尾道市では、人口減少に悩む地方からは夢のような事態が進んでいる。火をつけた女性は、屈託なく話す。

「私は双子の子育てをしている主婦です。でもやりたいことがあり、旗を振っているだけです。

だから、ずっとやりたいことをしゃべっています。そうすると、誰かが手伝ってくれます。放っておけなくなるのでしょう。設計士や大学教授のような専門的な知識はありません。だからこそ今までできたのだと思います。私の取り柄は、周囲を巻き込むことかもしれません」

私は初対面なのに、ぐんぐん話に引き込まれた。確かに「巻き込む力」をもつ女性リーダーだ。空き家問題で、豊田が上げた実績は目を見張る。二〇〇七年の活動スタート時から現在までに、尾道で一〇〇戸程度の空き家を再生させた。移住者が住居にしたり、店舗にしたりして活用している。自らのＮＰＯ法人の出資物件を貸すこともある。さらに、市の空き家バンクの事業も請け負う。点と点が線になり、面になろうとしている。

「古い町並みを残す」。なぜそれほど力を入れるのか。

「私にとっては口から入る食べ物と同じように、目から入る景観が大切なのです。まちづくりには、地元の若者の意見も入れるべきです。若者は古い建物に価値を見出しています。ハコモノの再開発や道路整備に力を入れる旧来の行政の手法では、空き家問題は解決しません。自分の住んでいる町の良さを見つけ、見直すのが第一歩です。長く暮らしていると、それに気づかない人も多いのです」

情報発信の重要性も訴える。「尾道市へは世界中から旅行者が来ています。諦めずに情報発信して、空き家の情報を必要な人に届けることです」。

全国で八二〇万戸に上る空き家は今後も増えるだろう。どの自治体も手をこまねく難事である。それだけに、豊田のところには全国から視察が相次ぎ、本人も講演に飛び回る。気張った感じはないが、ぐんぐん進んでいくリーダーだ。そんな〝火種〟をもった「空き家の女王」はこれまで、どんな取り組みをしてきたのか。

楽しみながらみんなでつくる

尾道市は瀬戸内海に面し、人口は約一四万人である。「坂の町」というネーミングがぴったり合っていた。ＪＲ尾道駅の裏手に、千光寺《せんこうじ》山《やま》がある。その中腹に大正時代や昭和初期に建てられた趣のある家屋が並ぶ。尾道水道に面したそれらの景観が目をひく。小津安二郎や大林宣彦などの有名監督が映画の舞台として選ぶのも頷ける。小さな路地や階段が斜面に張り巡らされていて、肩をぶつけそうになる。

私は今回、初めて足を踏み入れた。町なかには、全長一・二キロの長い商店街がある。古い建物を利用したカフェや雑貨店などが目を引く。若い移住者が経営しているという。不思議なほどに、コンビニは極めて少なく、大手チェーンのドラッグストアなども見かけない。一方、地元のラーメン店やアイスクリーム店などには大行列ができている。全国いたるところ、お金が外の資本に吸い取られる寒々とした光景があるが、尾道市はそれと一線を画す。

山と海と商店街。歴史・文化、さらには自然が織りなす香しい町だ。そこに、旅行者を含めて大勢の人々が歩く。若い女性や欧米の旅行客も数多く見かける。

豊田に指定された取材場所は、尾道駅の裏手にある、小さな二階建ての建物だった。尖った屋根が目立つ。

「子連れママの井戸端サロン・北村洋品店」。用途はその名の通り、ママたちが小さい子どもを連れて楽しめるサロンだ。町なかには、子連れで行ける場所が少ないため、自らも双子のママである豊田がつくった。二階は、子どものリサイクルショップ兼NPO法人「尾道空き家再生プロジェクト」のオフィスとなっている。

これまで豊田が自ら手掛けた再生物件は一八戸ある。「工務店や不動産屋のプロがサジを投げた物件ばかりです。狭い路地では建築資材を運ぶのも大変で、採算が合わないからです。でも私はどうやって再生するかは後から考えます。古い家はそれ自体がアートなのです」。

北村洋品店の建物は一九五〇年代に建てられた。当時この付近は、焼き芋屋、駄菓子屋、八百屋などがあり、「子ども銀座」とも言われた。しかし、高齢化で空き家が目立つようになり、その建物も二〇年近く、誰も住んでいない物件だった。

二〇〇七年六月、内部見学に行った。昼も真っ暗で荷物が天井まで積み上げられていた。ひどい雨漏りで白アリも多い。建物自体は傷みが激しい。なぜか下駄箱が四つもあった。

建築的な価値はあまりなかったが、ショーウインドーなど元洋品店としてレトロな面影が残っていた。このまま解体されれば、駐車場にでもなるだけだ。それなら買い取って付加価値をつけよう。豊田は決意した。

異彩を放ったのは、再生の手法だ。

「再生には、多くの人にかかわってもらえるよう、建築塾の『ワークショップ』にしました。

参加費をいただくかわりに、大工さんや左官屋さんなどのプロにやり方を教えてもらえるのです。楽しみながら、みんなでつくりあげました」

まずは、ボランティアによるゴミ出しだ。必要なモノと不要なモノを選別した。「鼻の穴が真っ黒になるくらい掃除した」。大まかな改修計画や図面は、一級建築士や職人が手掛けた。実際の空き家再生にも市民が積極的に参加した。一階の床のタイルは、三〇人ぐらいの幼稚園児の作品だ。魚やたこ、貝など好きな下絵に小さなモザイクタイルを貼った。天井の木の装飾は、大工さんからノコギリの使い方を教えてもらって親子でつくった。左官屋さんの指導の下で、壁塗りなどもした。

また、造船所で使っていた古い木材を使って、土間と座敷の境目に小さな縁側も設置した。「ボロボロになっていた柱や梁、屋根の補修や取り換えは、プロがやります。ただ、家の修復には、素人ができることもたくさんあるのです。みんなでワイワイ話しながら家を修繕しました。資材は廃材や古い材料を使いました。そうすると、建築費もぐっと安くなります」

「子連れママの井戸端サロン・北村洋品店」は二〇〇九年二月にオープンした。再生には一〇〇人以上がかかわり、古い空き家が「みんなの家」に生まれ変わった。建物内には、マネキン人形、ハンガー掛け、レトロな棚などもあるが、新たに買ったものはひとつもないという。

「空き家の再生のプロセスを楽しむのが大事です。再生の作業を通して尾道の町や建物の魅力を再び発見したり、移住者と地元の人が一緒に作業をして助け合うことで、自然につながりができます。みんなを巻き込んで、改修作業を楽しみながら取り組むイベントを開催しました。

空き家は活用できるという実感を味わってほしい」

楽しみながら空き家を再生するのが、豊田のモットーだ。「空き家再生は、私にとっては工作の延長です」。

「坂の町」尾道の魅力を伝える

尾道市生まれの豊田は、人並みに都会に憧れ、大阪の大学に進学した。ワンルームマンションに住み、都会暮らしが始まった。高層ビルや地下鉄などを目にしながら、思いを馳せたのは、故郷・尾道の風景だ。車のない時代に町がつくられ、家が隣接している。隣家の人の気配を感じながら生活をしていた。

卒業後、旅行代理店に就職し、添乗員となった。一年の半分以上は海外で生活した。ヨーロッパを訪問する機会が増えた。

そこで目にしたのは、古い建物を生かしたまちづくりだった。「ヨーロッパでは特別な観光スポットがなくても、町自体が観光資源になっているのです。住民も自分たちの古い町に誇りをもっています。そして世界中の旅行者が、その町が好きで観光に訪れます。一方、日本ではどこの地方でもチェーン店などが立ち並び、画一的な風景になってしまった」。

尾道は、ヨーロッパに似ている。故郷がますます愛おしくなった。山と海と島、独特の自然がある。大阪に住みながら、頻繁に帰省した。改めて尾道の町を歩く。

車が入れる駅前は、再開発されていたが、傾斜地や路地裏は昔の雰囲気を残していた。しかし、そうした傾斜地は、高齢者には住みにくい環境であることも事実だ。空き家が増えているというニュースも目にした。

「空き家が解体されると、『坂の町』としての景観が損なわれます。傾斜地の家を壊すと、現在の法律では、再び建てられなくなるケースも多い。再開発されれば、ほかの町と同じようになる。もったいない。人間を中心とした尾道の町のスケール感の良さを改めて実感しました。先人が遺してくれたから今の風景があるのです。一軒でもいいから、尾道らしさを守りたい。このままでは、町の誇りが消えてしまう」

二八歳のときにUターンした。尾道で生活しながら、空き家購入のために動いた。海外で泊まったゲストハウスのような宿泊施設を運営したいと考えた。

しかし、傾斜地に建つ空き家はほとんど価値がなく、不動産屋も扱わない。とにかく自分で歩いて、大家さんを探し、空き家を見学した。ただ、なかなかいい物件は見つからない。空き家を再生しようにも、社会人時代に貯めたお金ぐらいしかない。そのとき、友人から「腕のいい大工」と紹介された人物がいる。それが、のちに夫となった豊田訓嘉《くによし》だった。「いざとなれば、夫に改修を頼める。空き家改修のための『政略結婚』のようなものです」と笑い飛ばす。

空き家探しを始めて六年が経過した。二〇〇七年五月、三四歳のとき一つの建物を見学した。傾斜地に建つ木造二階建ての和洋折衷の建物だった。一目見て、ほれ込んだ。

「大家さんに中を見せてもらったところ、埃だらけで朽ち果てているところもありましたが、これぞ尾道の〝地域遺産〟だと思いました。『解体する予定だ』と言われたので、即決で買い取りました」

それが「ガウディハウス」と呼ばれる建物だった。もとは一九三三年に建てられた旧和泉家別邸。一〇坪の建物の内部には、当時流行した技法がちりばめられている。スペインの建築家アントニオ・ガウディのつくりに似ているため、「ガウディハウス」と呼ばれている。昭和初期に一人の大工が三年かけて、つくり込んだ建物だった。

「ガウディハウス」は、洋室と和室があるが、洋室は傷みが激しかった。一方の和室は掃除すれば利用できる状態だった。放置されていた家財道具などを廃棄。夫や友人に手伝ってもらって、二ヵ月かけて掃除した。和室はなんとか使える状態になった。そこで、「尾道空き家談義」というイベントを開いた。アーティスト、若者、さらには建築家や大工などを招いて、放談した。また、蚤の市も行った。「ガウディハウス」には、古本、着物、食器、古道具など、戦前からのモノがたくさん残されており、それらを販売したのだ。

ちょうどそのころ、UターンやIターンの三〇代の家族が空き家に住むようになり、パン屋やカフェを開店していた。「役者が揃っていました。彼らと一緒に、空き家を舞台に、やりたいことをやろうと決めました」。

「ガウディハウス」の購入後、豊田の動きは早かった。二ヵ月後の同年七月、自らが代表を務める市民団体「尾道空き家再生プロジェクト」を設立した。そこに参画してくれたのは、地元の企業や、尾道に関心のある建築家や大学教授らだ。「子どもがまだ二歳でしたが、『今しかない』と決断しました。空き家は老朽化が進み瀕死の状態。空き家問題は個人的にやるのでは一戸か二戸しかできない。それなら団体をつくるしかない。自分は子どもたちの世代にもっと尾道らしい姿を残したいと思ったのです」。

尾道市の空き家バンクに参画

団体は翌〇八年にNPO法人化した。そこからが、豊田の真骨頂だ。ブログによる情報発信を始めた。同世代の若者たちと一緒に楽しんだイベント、「ガウディハウス」の改修作業、さらには、明治から昭和に伝わる尾道の町並みを伝えた。すると、全国から空き家や移住先を探しているという声が舞い込んできた。一年で一〇〇件もの問い合わせがあり、わざわざ尾道に訪ねてくる人もいた。

「移住希望者が多くいて、空き家も山のようにある。それなのにつながっていないことが残念でした。どこにどれだけ空き家があるのか、十分に把握されていませんでした」

豊田は自ら、空き家めぐりツアーを実施し、空き家の情報を収集した。「社会問題なので、行政も巻き込みたい」。尾道市に働きかけた。〇九年一〇月、「尾道市空き家バンク」事業を請け負うことになった。空き家バンクとは、自治体が空き家情報を集め、移住希望者らにインターネットなどで発信する仕組み。尾道市では一九九五年に全国に先駆けて空き家バンクの制度を導入していた。しかし、エクセルの一覧で紹介されているだけであまり機能していなかった。

行政が手掛けるには限界があった。豊田は説明する。「行政サービスは基本的には平日の午後五時半までです。移住を希望する人は、勤務のない土日に訪問したいケースが多いので、行政では対応できません」。

豊田の強みは、自らの足で情報収集をしている点だ。空き家のきめ細かな情報とネットワークをベースに、移住希望者のニーズに合わせた物件を紹介した。だが仲介はしない。民間の不動産会社の経営を圧迫したくないためだ。単に紹介するだけではない。低価格の料金でトラックを貸したり、左官道具を提供したりもする。いざ移住の段階になれば、引っ越しや改修の手伝いもする。

ほとんど機能していなかった空き家バンクが動き始めた。現在は八〇戸以上も契約にこぎつけた。「尾道空き家再生プロジェクト」が尾道市から受託している空き家バンクは登録者が八〇〇人以上もいる。空き家活用としては全国でも有数の規模だ。尾道三山の斜面にある建物一二〇〇戸のうちおよそ一〇〇戸の空き家を解消した。まだ三〇〇から四〇〇戸は空き家がある。豊田は今後も空き家再生に汗を流すつもりだ。

NPO法人としてはパートやアルバイト含めて二七人を雇用。稼ぎの柱は、二つのゲストハウスだ。まずは、商店街にある「あなごのねどこ」だ。奥行きのある古い建物を再生し、一二年にオープンした。「町づくりのため、安く貸したい」という大家から借り受けた。内装やデザインなどは、NPO法人のメンバーがつくり込んだ。

うなぎの寝床のような長い建物。しかも、尾道の名物はあなごだ。そこで「あなごのねどこ」

という名前にした。私はたまたま夕方の時間帯に訪れた。ひっきりなしに一人旅の若い女性が姿を現した。ここでは、年間のべ三〇〇〇人以上が宿泊する。

併設しているカフェも行列をなす。若い女性客が圧倒的に多い。古い日本家屋の佇まいが、引き付けているようだ。

その後、もう一つオープンしたゲストハウスは「みはらし亭」だ。尾道三山の山麓にある。部屋からは尾道水道が見え、素晴らしい景観が売りだ。およそ一〇〇年前に建てられた古民家を再生した。急な勾配地に建っているため、再生の際、資材を運ぶのは大変な労働だった。五〇人が一列になってバケツリレーのように運んだ。きつい労働もイベント的に楽しんだ。改修費用は通常なら一億円かかるといわれたが、結局二七〇〇万円に抑えた。クラウドファンディングでお金を集めたという。みはらし亭は、壁が薄く、隣室の声や音がよく聞こえる。また、夏は虫が多く、ムカデが出ることもある。ビジネスホテルや新しい日本旅館などの静けさや快適さはないが、若者には人気が出ている。

豊田は故郷・尾道市に次々に刺激を与える。「自分の商売さえよければという人は、長続きしません。尾道はもともと、港町です。だから、知らないよそ者でも、受け入れる土壌がありますす。それに大手のチェーン店はあまり根付きません。同じ商品を買うなら、知っている店で買おうという風土があるのです」。

豊田の透徹した理論に私は膝を打った。三時間のインタビューは終始、熱量を感じさせるものだった。

第六章

「次世代」につないだ改革のバトン

左●「亀の井別荘」の中谷健太郎氏
右●「山椒郎」の新江憲一氏

由布院温泉に起きた「革命」（大分県由布市）

取材：2017年12月

「門外不出」「秘伝」は大嫌い

初冬の澄み切った陽光が由布岳《ゆふだけ》を照らしていた。緑の木々と牧草地が見える。そのコントラストが鮮やかだ。手前には、稲刈りの終わった田んぼが広がっている。山の間近にも家がある。この由布岳と田んぼとが溶け合うような色彩の建物がある。料理店「山椒郎《さんしょうろう》」だ。九州を代表する温泉地、由布院（大分県由布市湯布院町）にある。

私がその風景に見入っていると、小麦色に焼けた長身の男が視界に入ってきた。

「あそこでは、牛や馬の牧草地である草原を守るため、野焼きをやります。山が真っ赤に燃えます。害虫駆除が目的なのですが、その灰は辺り一帯に飛び散ります。それが嫌な人はここには住めません」

「今日のように晴れた日だけではありません。雨の日もありますが、私は雨が降ってもうれしいです。私のために野菜やコメを作ってくれる農家にとっては吉報だからです。さらに霜が降りると、野菜は甘くなります。寒暖差が大事なのです」

一気に話した後、その男は、一呼吸置いた。

「それが由布院の日常なのです。都会の人の非日常が由布院にとっては当たり前なのです。僕はこの風景の中で生活できればいいのです」

由布院の自然について熱く語る、この男こそが新江憲一《しんえけんいち》（55）だ。

地域に根差しながらも、全国的にも有名なカリスマ料理人。講演で全国を飛び回る。また、JR九州の超豪華列車「ななつ星in九州」の料理の総監修も務めた。

そんな煌びやかな実績以上に、私が興味をもつ側面がある。地域の料理人同士が互いのレシピを教えあう仕掛けをつくったのだ。料理の世界では、異例の取り組みで、地域全体の料理の質を向上させた。

料理人と言えば、秘伝の味などと称して、料理のレシピを囲い込むケースが多いが、それとは全く違うスタンスを貫いた。さらに、地産地消の旗も掲げ、料理人と農家を結び付けた。「地域ブランド」の確立に汗を流した。驚くべきことを平然とやった。

ライバル同士なのになぜ、と不思議に思う。「地域が仲良く頑張るのはいいことじゃないですか」。新江の淡々とした言葉に、私は拍子抜けした。

店内に入った私はまず、ランチのメニューを開いた。定番メニュー、二〇〇〇円の「合わせ箱」を選んだ。海の幸主体の「海」と山の幸主体の「山」の二種類があった。蓋を開けてみると、色とりどりだった。ゆでたり、蒸したりした野菜が並ぶ。箸で崩すのがもったいないような見栄えだ。そっと口に入れてみる。歯ごたえが違った。音がする。そして甘さに驚いた。

「野菜ってこんなに甘いものだと知りませんでした」。一言漏らした私の言葉に、新江は敏感に反応した。

「甘くなるようにゆでています。お湯に砂糖を入れているのです。人参の糖度はおよそ一五度です。普通にゆでると、その糖度は五度か六度になる。お湯に砂糖を入れれば、人参の甘さが外に出ていかないのです。うちの人参の糖度は一〇度ぐらいなので、甘く感じるのです」

つまり、科学的に甘さを維持する「企《たくら》み」だ。「料理は食べやすくすることです」。当たり前と言えば、当たり前の言葉を幾度も繰り返す。

新江は革新を求める。

「僕は日本料理に衝撃を与えたいと思っています。食材にこだわりながら、レシピを自分の中で創ります。人から教わったものをそのまま料理するのは教養がありません。僕は、『なぞらない、守らない、真似しない』というスタンスでいたいのです。昔の人に敬意を払っていますが、一方では、新たな料理を創りたいのです」

そのためには何をすべきか。

「最新技術も使うべきです。私は、レントゲンで魚の骨の位置も調べます。ＭＲＩ（磁気共鳴映像法）で野菜のうまみがどこにあるかも調べているのです」

店はいわば研究室だという。農家から毎日届く食材が研究対象。目の前の野菜をどのようにしたら、おいしく食べられるのか、「実験」の日々だ。

「ブリしゃぶも、里芋の煮つけも、昔の誰かが創ったものです。僕はいろいろ挑戦して、最終的には昔の人が創った料理に戻るかもしれません。ただ僕は挑戦を続けたい」

新江はいつも真剣勝負だ。

「料理は作る方と売る方にばかり予算が付きますが、技術を高めるという点が軽視されすぎています。『門外不出』とか『秘伝』とかは大嫌いです。知りたい人にはどんどん教える。若い料理人にはもっと貪欲に勉強してほしいと思っています」

秘伝の味は「大嫌い」とまで言い放つ料理人。その〃火種〃は一つの形になった。レシピを見せ合うことにつながり、地域ブランドの向上につながった。どんな経緯で、由布院で「改革」が起きたのか。

研究会を設立しレシピを共有

由布院では、旅館同士で電話やファクスでのやり取りがある。「あのお客さんには昨日どんな料理を出した?」「肉料理を出しました」「ではうちは魚を主体にします」

連泊する顧客を飽きさせないための情報交換である。それが、由布院温泉の日常光景となっている。旅館の最も重要な一角、厨房さえも、お互いに公開し合う。

言い出しっぺが新江だ。由布院の温泉宿「草庵秋桜《そうあんこすもす》」の料理長だった一九九八年に「ゆふいん料理研究会」をつくった。現在は、由布院の旅館一五〇軒のうち、三〇軒ほどのオーナーシェフが参加している。

シェフといっても、料理は素人だ。由布院には小さな旅館が多いだけに、プロの料理人を雇わず、経営者が料理をするケースが少なくない。

新江は発足当初、毎週一回仕事が終わってから、深夜から明け方まで料理を教えた。料理人の武器ともいえるレシピをお互いに公開した。

「お客様は何を求めているのか。何を出せば喜んでもらえるのか。それを徹底的に議論しました」

研究会では、季節ごとに、食材をどのように料理するのか、さらにどう盛り付けるのか、などを学び合う。例えば、春は山菜、夏はトマト、冬はカブ。由布院でとれる食材を、料理人がさばく。レシピは見せ合う。お互いに味見をし、批評する。

ただ、それぞれの料理人がそれに一工夫する。同じものを出したくないという思いがそこにはある。

それは、由布院の食のブランド力を引き上げる結果をもたらした。由布院では宿を替えて、連泊する客が多いが、連泊すればするほど、魅力が増す仕掛けがある。

それでは、どこから食材を調達するのか。野菜は、地元の農家だ。一括して請け負っているのが、江藤雄三《えとうゆうぞう》（52）が営む江藤農園である。

江藤は、新江のたっての願いを受けた。新江はどうしても、由布院産の野菜を使いたかった。由布院らしい料理を追求したかったからだ。

当時は、雄三の両親が主に農作業に従事していた。ホウレンソウとコメを作っていた。大半は農協に売っていた。直売は、ビニールハウスの前で細々と営んでいた。

新江は江藤農園を頻繁に訪れ、ホウレンソウを購入した。そのたびに現金で支払った。その領収書の控えがどんどんたまっていく。一ヵ月もすると、かなりの金額になる。農協に卸していた時とは比較にならない。

「うちの母親がお金になることを実感しました。ホウレンソウを農協に出しても、二〇束の一ケースで二〇〇円か三〇〇円ほど。箱代もばかにならない。新江さんが直接買ってくれたのはうれしかった」

さらに、新江は、江藤に自分の料理を食べてもらった。地元の野菜と旅館の料理。お互いに理解を深めるのは重要だという。

新江は江藤農園で、ホウレンソウ以外の野菜を栽培してもらいたかった。一年半後、ようやく願いがかなった。旅館で使う春菊を栽培してもらえるようになった。その後、江藤農園では、はつか大根、なす、トマト、パプリカ、クレソン、小松菜、バジルなど約八〇種類を生産した。収穫された野菜は、研究会のメンバーである旅館がすべて引き取る契約を結んだ。今では、およそ三〇の旅館が江藤から購入する。市場に出荷するより安定的に収入を確保できる。それは江藤の人生も変えた。

江藤は新江のことを「オヤジ」と呼ぶ。

「オヤジと知り合っていなければ、私は農家を続けていなかった。農家をやっても全く食べていけない状態だったのです。父の代で江藤農園はおしまいでした。由布院を出て、サラリーマンをしていたでしょう」

江藤には午前中の日課がある。それは、旅館に直接、野菜を届けることだ。

「旅館の料理人と会話して、『このサイズの長ナスが欲しい』『ナスの葉っぱ一〇枚くれ』と言われたりします。実際に出向かなければ、野菜の使われ方がわからない。例えば、水菜。サラダか、おひたしにするのかわからないと、良い野菜が作れない。また相手の表情もじかに見たい。そして、旅館の料理人と、冬の鍋の時期はこの野菜、この時期はこの野菜といった具合に話し合うのです。料理人と一緒に〝食材〟を作っていけるのです」

江藤農園は、露地でも野菜を栽培しているが、三五のビニールハウスをもつ。「ビニールハウス栽培により、『この時期にこの野菜があればいいな』という料理人のニーズに応えられるのです」。野菜だけでなく、盛り付けに使うモミジやマツなども届ける。季節感を演出するためだ。

新江と出会う前、江藤農園は、大半を農協へ納入していた。

「農業機械を購入するため、融資を受けます。その返済をするため、野菜を多く作り、売り上げを伸ばす必要があります。そうすると、またビニールハウスを建設します。それにはまた融資です」

農協に縛られ汲々としていたのだ。今、江藤農園はメーカーから直接農業機械を購入している。また、中古のトラクターを買うことも多い。

江藤に新江は「畑にベンツで通え」と発破をかけている。ベンツは購入していないが、家は建てた。

新江はさらに、周囲の高齢の兼業農家からも、野菜を調達している。

「農家をやっている年寄りは『形が悪いので、ただで持っていって』と言うが、僕は必ず、『お金を受け取ってください』と言っています。現金化することこそが重要なのです」

江藤農園では、雄三の両親と妻、そして従業員の計五人が働いている。ちなみに雄三の妻は元農水省の役人で、どうしても農業をやりたいと思って、雄三と結婚したという。

研究会は、旅館同士の連携という横のつながり。さらには、農家との縦のつながりも実現した。由布院全体のパワーアップとなったのだ。

若手も続々と独立

そして今、新江の〝火種〟は、若い人にも広がっている。新江は研究会のメンバーが続々と、店を出していると明らかにした。

「若い人が独立して、どんどん新たな挑戦をしています。焼き鳥店一つとってみても、今はタレさえあれば誰でもできる時代になっている。しかし、料理人が何年も修業して創る料理は、それとは全く違う。由布院にはミシュランに載ってもおかしくないような串焼き店ができました」

それが、「湯布院　串焼きＣＡＲＮＥ（カルネ）」だ。オーナーは藤内《とうない》明彦《あきひこ》（45）。藤内はもともと、由布院の温泉旅館「はなの舞」の料理人。三〇歳のころ、ゆふいん料理研究会に入った。「みんなでテーマを決め、おのおのが料理を持ち寄って批評しあいます。それが大いに勉強になりました。今の店では、焼き鳥だけではなく、日本料理も出しています」

そのうえで強調する。

「旅館の料理長が最終目的だったのですが、研究会に入ったのがきっかけで、変わりました。独立して店をもちたくなりました」

それは、藤内だけではない。研究会のメンバーで、焼き肉店や寿司店を経営する人もいるという。

CARNEでは、由布院のシャモを出すのが売りだ。野菜など多くの食材も由布院産だ。研究会で学んだ「地産地消」を実践している。

取材中に終始、私の頭をよぎったのは、スペイン北部にある人口約一八万のサンセバスチャンである。世界中の美食家を唸らせ、観光客が殺到する。サンセバスチャンには、数多くのバル（バー）がある。その最大の特徴は、ライバルであるはずのバルが互いのレシピを教えあっていることだ。狭い路地にあるバル全体のレベルアップにつながっている。観光客は食べ歩きを楽しみ、長期滞在するという。そのやり方は、「料理の技術は見て盗め」という徒弟制度とは、一線を画している。

サンセバスチャンはもともと、海の幸や山の幸、畜産などが豊富だった。しかし、素材だけでは勝負できない。そこで若いシェフたちが一九九〇年代後半から、地元の料理界で革命を起こした。彼らは世界を旅してきた強者だ。地元の素材を生かし、世界中の味付けを加味した。さらに、一流店には「料理研究室」がある。科学的な料理研究も行っているのだ。わずか十数年でサンセバスチャンは様変わりした。

由布院はまさに、日本版のサンセバスチャンだ。それを新江が体現した。なぜエネルギー全開で由布院の料理界に新風を吹き込んだのか。そこにはもう一人の男の存在があった。

師匠・中谷健太郎の言葉で発奮

新江は福岡市出身。一七歳で料理の道に入った。「暴走族をやったり、プロボクサーをやったりもしていました」。照れ笑いする。

別府で料理人をしていた二五歳のときに、人生の転機を迎える。たまたま知り合った人物が由布院で旅館をオープンするので、「料理長になってくれ」と頼んできた。

そこで、別府から由布院に移った。当時、由布院ではプロの料理人は新江を入れて二人だけ。温泉地として知られていたが、どの温泉旅館も、別府などに比べると、規模は小さい。いわば「家内工業の域を出ていなかった」。

新江は由布院で料理人として生活しながら、料理をもう一度、しっかり学びたいと考えた。そして決断する。大阪の有名料亭「なだ万」での修業だ。そこで京料理を学ぶ。

再び由布院に戻った。いわば凱旋だ。新江は一九九六年に由布院の温泉宿・草庵秋桜の料理長に就任した。意気揚々と京料理を振る舞う日々だった。トリュフ、フォアグラなど、世界の食材を集めていた。

ところが、ある日、地元の名士がこんな言葉を放つ。

「おいしいが、どこでも食べられる。由布院らしさがない」

半年後、その名士にもう一度食べてもらった。世界中から食材を買い集めて、渾身《こんしん》の料理を出した。

今度はこんな言葉が返ってきた。

「この料理は命につながっていない」

新江の頭に衝撃が走った。

「お客様は由布院らしい料理を楽しみに、はるばる足を運んでくれる。由布院らしさを感じてもらえる料理を出さなければならない」

この名士こそが、中谷健太郎《なかやけんたろう》だ。由布院が誇る老舗旅館・亀の井別荘の経営者である。

「それから、私は二〇年以上、健太郎さんに満足してもらう料理を出すことに全力を尽くしてきました。食材は旅をさせてはいけません。つまり、由布院でとれた野菜は由布院で食べたほうがいいのです。そんなことも健太郎さんから学びました」

この経験が、ゆふいん料理研究会につながった。

「医学の世界を見ても、研究結果を惜しみなく発表して、医学を進化させています。エビデンス（証拠）を集めて、サイエンス（科学）をつくり上げているのです。しかし、料理はそんな研究をあまりしてこなかった。僕は、料理にもサイエンスが必要だと思っています」

新江は、温泉宿・草庵秋桜の料理長として腕を振るう一方、ゆふいん料理研究会で陣頭指揮をとる。その後、イタリア・ミラノの日本料理店で修業し、由布院に戻った。そこでオープンしたのが、この「山椒郎」だ。

「僕は健太郎さんに食べてもらうために、店を出しました。どんな有名人が来店しても緊張しませんが、健太郎さんの前では今も緊張します」

料理に関しては独自の理論をもつ。必要なのは技術ではなく、知性、感性、教養、そして知識という。

「由布院を訪れるお客さんは上質です。『由布院はどこで食べてもおいしいね』と言われるようになりたかったのです。ここでは雑な料理を創っては、ダメなのです。料理の本質をわかる人が来るので、適当な料理を出せば、すぐにわかる。料理人の仕事は、料理で感動や驚きを伝えることなのです」

さらに料理人の心得について。

「料理だけを勉強していてもダメなのです。いい絵を見て、音楽を聴き、読書する。そして教養を高めることが料理人には求められます。僕は、茶道、華道、書道の勉強をしました。料理人には、誇りをもって厨房に立ってほしいと思っています」

新江は、中谷健太郎に強烈に憧れていると語る。「健太郎さんに由布院をどうしたいかの夢が一〇〇あるとしたら、その一つが料理。その夢を叶えるのが、自分の仕事だ」と話す。

ただその仕事は、開拓者の中谷とは違った面で、難しさがあるという。

「僕らは健太郎さんからバトンを渡された。渡された我々は、四苦八苦しています。健太郎さんらは何もないところから、由布院を今のようなブランドにした。僕らは、一〇〇という高いレベルで渡されたものを、九九とか九八にはできない。健太郎さんらが火をつけた流れは変えてはいけません。この由布院は、生きている我々だけの町ではなく、死んだ人たちのものでもあります。『すみません。守れませんでした』とは言えません。健太郎さんは師匠です。同じ時代に生きることができただけで、ありがたいと思っています」

新江が敬愛する中谷健太郎。私はぜひとも、会いたくなった。中谷とはどんな人物で、かつてどのような手法で由布院を再生させたのか。中谷が起こした「由布院の革命」とは何だったのか。

「ほらケン」と呼ばれた改革者

その男は、八三歳とは思えぬ風貌だった。ジャケットを着て、おしゃれなネクタイをする。あたかも白洲《しらす》次郎のように見える。全身で粋なイメージを漂わす中谷健太郎だ。

「若いころから『ほらケン』というのがあだ名でした。できそうもない大きなことを言っていたからです」

開口一番、飛び出したのは、イメージとはかけ離れた、くだけた言葉だった。この中谷健太郎は、日本有数の温泉地、大分県の由布院（由布市湯布院町）が誇る老舗旅館「亀の井別荘」の経営者である。レシピを共有化し、由布院の料理全体のレベルを上げた料理人の新江憲一が尊敬してやまない人物である。

中谷は、高度成長期に由布院を再生した立役者だ。大分県内の別府の陰に隠れていた由布院を全国的に有名にした。同じく由布院の老舗旅館「玉の湯」の経営者・溝口薫平《みぞぐちくんぺい》と一緒に、改革の旗を振った。「別府のマネをするな」。それが原点だった。

若き日にドイツで学んだまちづくり。それは、自然豊かな環境で、客にゆっくりと、長時間滞在してもらうスタイルだった。高度成長期に流行した大型旅館や団体旅行とは一線を画した。「大きいことはいいことだ」と言われる時代に、「小さいことは美しい」をモットーにした。

私が中谷と会ったのは、「亀の井別荘」の敷地内にある、古民家「庄屋」だ。この古民家は築二〇〇年の木造二階建て。二〇一六年の熊本地震で半壊した。「一時は解体も考えましたが、常連客から『残してほしい』と懇願され、改修を決めました」。

『庄屋』には、映画関係の本や小説、二〇〇〇枚以上のDVD、一万枚以上のレコードやCDなどがあります。公民館と家庭の間のような存在と見てもらっていい。他人の家庭に立ち入るのは遠慮するが、公民館では少し寂しい。そんなお客をイメージした。別の旅館の観光客が日中を過ごすために来てもらうなど、いつでもふらりと来てもらったらいい。お風呂もあるし、三〜四時間はじっくり楽しめる。新たな由布院観光の在り方をここから模索したい」

由布院観光の先駆者は第一線を退いたとはいえ、まだまだ地元に深い愛情を注ぐ。この「庄屋」は長年、まちづくりの担い手が集う場として使ってきた。

「映画祭や音楽祭などに無償で来てもらった人たちが、あちこちで雑魚寝していたのですよ。

ただひたすら楽しいことをやってきました。地域の住民も楽しむイベントを次々に提案しました。観光とは、特別なものではありません。土地の暮らしそのものが観光なのです」

中谷は、由布院の宿泊者がなるべく外を歩く仕掛けをつくった。

「お客さんが町の中を歩き始める。歩き始めると新しいお店ができる。町は自動的に活性化していく。旅館が宿泊客を囲い込んでいたら、町全体が収縮します。町全体が人を受け入れているのであって、旅館はそのごく一部の役割を担っている。それが僕の目指してきた町の姿です」

そのうえで、こんな指摘をする。

「旅館は食事なしの素泊まりに特化し、仕出しや料理店でおいしいものを食べ、散策してアートを鑑賞し、本を読み音楽を聴く。いろんな楽しみの仕掛けが町にあったほうが活性化につながる」

中谷は、「亀の井別荘」の経営者でありながらも、旅館は宿泊に特化していいとまで言い放つ。

「まずは面白いと思うことをやりました。自分が面白いと思わなければ、他人にも面白さが伝わりません」

まちづくりの要諦は「面白がること」という。今では笑顔で飄々《ひょうひょう》と話す中谷だが、まちづくりは、決して平坦な道ではなかった。

ゴルフ場計画に反対運動

中谷健太郎は一九五七年に明治大学を卒業後、東宝撮影所に入社した。助監督を務め、仕事に脂が乗り始めたころ、人生の転機を迎えた。「亀の井別荘」を経営していた父親が亡くなったのだ。一人で旅館を営んでいた母は帰郷を促した。悩んだ揚げ句、一九六二年一月に故郷へ戻った。

由布院は六〇年代、大分県の同じ温泉地、別府の陰に隠れた存在だった。中谷が目にしたのは、閑古鳥の鳴く温泉街の風景だった。ほとんどが貧乏旅館で、雨が降ると、部屋に雨もりのための洗面器が必要な有様だ。休日すら宿泊客はまばらだった。由布院は小さな旅館ばかり。別府のような歓楽街もなく、周囲には田んぼや畑が広がり、ひっそりと静まり返っていた。

中谷は、同じ年齢の「玉の湯」の溝口らと一緒に由布院を盛り上げるため、知恵を絞る。まずは、六六年開催の大分国体に向けて「由布院」という名前を売り込むことだった。

郷土料理も特になかった。どうするか。仲間と話し合う。猪が出るから猪料理という案もあった。しかし、猪料理は宮崎県にあり、真似になる。「馬がいる」「鹿も出る」という声もあった。「それなら馬鹿《うましか》料理にしようか」「バカ料理と呼ばれる。それはさすがにできない」。

仲間たちと、楽しく熱い議論をしながら、たどり着いたのは「猪鹿鳥《いのしかちょう》料理」だった。花札の猪鹿蝶にひっかければ、面白い。中谷の発想だ。猪、鹿、鶏の肉、それぞれ単品なら他の地域にもあり、勝負できない。それなら、組み合わせて出すのはどうか。猪はスープ煮で、鹿は刺身、鶏は塩コショウで焼き鳥にした。

そのチラシを東京の週刊誌に送ると、記事になった。面白いことをやれば、マスコミは飛びつく。中谷はそれを学んだ。

ちなみに溝口は当時、大分県・日田《ひた》市立博物館を退職したばかり。妻の親が経営する「玉の湯」に入り婿となり、旅館の経営を継いだ。

ちょうど、由布院の旅館も世代交代の時期を迎えていた。若い中谷や溝口らは仕事を終え、夜に集まっては、まちづくりについて談義した。

ところが溝口は七〇年七月、衝撃的な情報を耳にした。ゴルフ場開発計画である。建設予定地は、城島《きじま》高原の、猪の瀬戸《いのせと》湿原だった。別府市から由布院盆地に入る途中にある湿原だ。そこには、貴重な動植物が生息している。

「寝耳に水」だった溝口は、すぐに中谷に相談した。由布院を訪れる客にとって、ゴルフ場の芝生がいいのか、貴重な動植物が生息する湿原がいいのか。猪の瀬戸湿原は、行政区分としては別府市にある。しかし由布院の玄関口だ。そこが〝湿原〟から〝芝生〟になれば風景は一変する。

おのずと結論が出た。

「猪の瀬戸湿原を守ろう。ゴルフ場を建設させてはいけない」

この年は、大阪万博が開催され、日本全国で開発ブームが起きていた。多くの観光地は大きな施設を誘致して、客を呼び込もうとしていた。

ゴルフ場建設計画は具体的に動いていた。秋に工事を開始して、翌七一年一〇月にオープンする予定だった。工事が始まれば、手遅れだ。中谷は由布院温泉観光協会の中に「由布院の自然を守る会」をつくり、ゴルフ場計画反対運動に乗り出した。

反対運動は異彩を放った。単純なゴルフ場建設反対ではなく、次第に、「湿原の貴重な動植物を守ろう」という自然保護運動の様相を帯びる。「由布院の自然を守る会」は、猪の瀬戸湿原に学識経験者らを呼び、調査を依頼した。その結果はマスコミに大きく報じられた。

佳境となったのは、「知名士百人へのアンケート」だ。これも中谷の発案だった。協力したのは、綺羅星のごとき知名人だ。俳優の石原裕次郎《ゆうじろう》、建築家の磯崎新《あらた》、評論家の大宅壮一《おおやそういち》、音楽家の服部公一《はっとりこういち》らが名を連ねた。ほとんどがゴルフ場開発反対の意見だった。有名人のこうした意見はマスコミによって大きく伝えられる。中谷の戦術はピタリと当たった。

ついに、大分県知事の木下郁《かおる》(当時)は、ゴルフ場計画に反対を表明した。結局、ゴルフ場の建設計画は頓挫することになる。

「由布院の自然を守る会」は勝利した格好となる。しかし、町の中では、「自然を守れ」という主張に違和感をもつ人もいた。農家などでは、経済的な豊かさを求める意見が多かったのだ。「由布院の自然を守る会」は孤立しそうになった。

中谷たちは、立場の違う人たちにもまちづくりに参加してもらうため、「由布院の自然を守る会」を解消し、「明日の由布院を考える会」を立ち上げた。「由布院の自然を守れ」ではなく、

「明日の由布院を考えよう」。そんな趣旨だった。機関誌も出し、町のあらゆる会合の情報を細かく公開した。町内の意思疎通を図るのが狙いだ。また、由布院には自然を大切にするイメージが全国に広まったが、それだけで客が来るわけではない。そこで、由布院らしい、新たなまちづくりを模索した。

ドイツで学んだ「緑・空間・静けさ」

次なる行動を起こした。ヨーロッパ訪問である。由布院の将来像を見つけるための旅だった。歴史や文化で独立傾向の強いヨーロッパへ行けば、きっと何かが見つかる。そんな淡い期待からだった。参加したのは、いずれも三〇代後半だった中谷、溝口、そして「山のホテル夢想園」の志手《しで》康二(故人)の三人だ。

ネックとなったのは、カネだった。一ドル＝三六〇円の時代だ。格安チケットもなく、航空運賃も高い。銀行から融資を受けようと思ったが、貸してはくれない。窮地を救ってくれたのは、町長(当時)の岩男《いわお》穎一《ひでかず》だった。

岩男は三人の保証人になり、一人七〇万円の融資を受けられるようにしてくれた。さらに、町の臨時嘱託という身分にして、調査費名目で一〇万円上乗せしてくれた。

岩男はこんな言葉で送り出したという。「世界をよく見てきてくれ。俺は君たちの保証人になった。必ず元気に戻ってきてくれ。カネはどうにかなっても、君たちの奥さんや家族の面倒までは見られないから」。

七一年六月に出発。約五〇日間の旅だった。その旅行で、三人が最も強烈な印象をもったのは、西ドイツのバーデンヴァイラーだった。人口三五〇〇人、スイスの国境に近い盆地にある温泉保養地だ。

そこには、洗練された公園と美しい町並みがあった。花が咲き、小鳥がさえずる。この町では、静けさを守るため、深夜と昼下がりには車を締め出し、質の高いサービスを行っていた。中谷らは由布院の目指すべき町だと実感した。さらに、そこの小さなホテルのオーナーの言葉は由布院のまちづくりの方向を決定づけた。

「町にとって最も大切なモノは、『緑』と『空間』と『静けさ』です。私たちはこの三つを大切に思ってきた。私たちは一〇〇年かけて、町のあるべき姿をみんなで考えてきた。君たちは、まちづくりを始めたばかりだが、そのために、何ができるのだ」

そのオーナーは「君は」「君は」「君は」と三人に指差し詰め寄った。三人はその瞬間、返事に窮した。

まちづくりは一人ではできない。そう痛感した三人は、まちづくりでの役割分担をすることになった。

企画する役回りは中谷だった。「ほらケン」との愛称のように、アイデア豊富だった。そのアイデアを実行するのが溝口だった。行政などとの調整役となった。そして、仲間に伝える伝道者には志手がなった。

三人のまちづくりに関する価値観はがらりと変わった。ヨーロッパでは歓楽街に団体客を受け入れる日本の常識は通用しない。普通の暮らしをしている町や村に、人々は癒やしを求めて旅をするのだ。この経験が由布院再生の原点となった。

「自然と農村風景を生かした温泉地でいこう」「大型旅館にバスで乗りつけてどんちゃん騒ぎをする、別府のようにはなるまい」

そんな方針でまちづくりを目指したが、その後も大手資本が由布院に忍び寄ってきた。大型のレジャー施設の建設計画が次々に明らかになった。それは、畜産農家にとっては飛びつきたくなる話だった。あまり儲からないのに重労働の畜産農業を続けるより、牛を手放し、土地そのものを売り払ったほうがいい。そんな考えも無理はなかった。時代は、田中角栄の「日本列島改造論」が一世を風靡《ふうび》していたころだ。地方を狙う大手資本と、窮状に陥る地方の農家の利害が平仄《ひょうそく》を合わせていた。

しかし、中谷たちはどうしても、牧草地を残したいと考えた。ポイントとなるのは、畜産農家が牛を飼い続け牧草地を維持することだった。ただ、農家にはお金がない。それなら都会の人にお金を出してもらう。そんな思い付きで七二年に始まったのが「牛一頭牧場主運動」だ。

都会の住民に子牛一頭二〇万円で購入してもらい、農家が五年間飼育する仕組みだ。五年後に成牛《せいぎゅう》になったら、子牛の代金は返却する。その間、利息代わりに米など農産物を届ける。さらに、ユニークなのは、都会のオーナーたちを、牧草地に招いたことだ。年に一回バーベキュー大会を開き、牧草地で飲み食いした。

キャッチフレーズは「別荘主になるより、牧場主になりませんか」。それは、都会の人たちの心をくすぐり、牛は瞬く間に、一〇〇頭になった。

さらに、この企画は別のイベントも生み出した。四年後に始まった「牛喰い絶叫大会」だ。それは、七五年四月に発生した大分県中部地震をきっかけに催された。隣町が震源地。テレビなどでニュースが流れ、「由布院が壊滅した」として、観光客の数が激減した。

中谷は語る。「地震で由布院が壊滅したという情報が流れましたが、それを打ち消す必要があった。つまり『由布院は壊滅していません』『こんなに豊かな日常の生活があります』『私たちは自然を楽しんでいます』という情報を出し、外の人に安心してもらう必要があったのです」。

牛喰い絶叫大会も、中谷のアイデアだった。その思い付きを実現したのは、溝口だった。競技として本格的にやるため、音声の計測器を県から調達した。さらに、町長、町議会議長、商工会、観光協会などから賞金や賞品を提供してもらった。ドイツの旅で決めたそれぞれの役割を実行したのだ。文字通り、牛を食べて叫ぶシンプルなイベントだが、溝口の奮闘もあり、当初から官民挙げての仕掛けとなった。草原で食べる牛肉は、由布院で生まれ、地元の牧草を食べて育った牛だ。まさに地産地消だ。参加者はその牛肉のバーベキューを食べ、絶叫する。

当初は「ウォー」などの単純な叫びが多かったが、次第に世相を反映した言葉になった。それがまた、マスコミに取り上げられる。ちなみに、二〇一七年一〇月は「結婚四年目、うちは旦那ファーストから子どもファースト」。都民ファーストの会を皮肉ったものだ。さらに、「お母さん、もうちょっと優しくして」「パートの時給上げて」などの声が響き、会場は沸き返った。

「絶叫大賞」「ストレス発散賞」などがあり、人々は楽しむ。八〇〇人ほどの観光客が訪れる。

手づくりの音楽祭や映画祭

中谷らは音楽祭や映画祭も仕掛けた。イベント会社に委託せず、すべて「手づくり」をモットーにした。もちろんお金がなかったためだが、それは地域の連帯感を高める結果となった。音楽祭は一九七五年に始まった。「牛喰い絶叫大会」と同様に、大分県中部地震による観光低迷を吹き飛ばすのが狙いだった。

中谷がイメージしたのは、ヨーロッパ旅行で見た、公園で行われていた演奏会だ。美しいクラシックの演奏で、地震の風評被害を吹き飛ばそう。そこで中谷は、九州交響楽団のコンサートマスター、岸邊百百雄《ももお》に直談判した。

「宿を提供します。おいしい食事や焼酎もあります。一晩演奏してください。ただしギャラは払えません」

岸邊はそれを快諾した。

ある企業が由布院にもつ保養所の庭で、岸辺は弦楽器の仲間と一緒に演奏した。一〇〇人ほどの聴衆は、ビールを飲みながら星空の下で楽しんだ。小規模だが九州で最も歴史のある音楽祭となった。自治体主催の音楽祭は総経費が一億円を超えるものも少なくないが、「ゆふいん音楽祭」は五〇〇万円以下だった。

岸邊に続く演奏家もほとんどが無償で出演した。運営スタッフ四〇人もボランティアだった。プロのステージマネジャーや照明技術者らも手弁当でかけつけた。宿泊先の旅館も大幅に値引きした。音楽祭で演奏家と地域との絆は深まったという。

音楽祭ができたのだから、映画祭もやろうと、「湯布院映画祭」も始まった。日本の映画祭で最も古い歴史をもつ。全国から映画ファンが参加する。映画関係者と映画ファン、そして町民が〝三位一体〟となる。

映画の上映のほか、俳優や映画監督、脚本家などによるシンポジウムなども開催される。松田優作、桃井かおり、萩原《はぎわら》健一ら個性派俳優が参加した。俳優はギャラはないが、温泉に入って、おいしいものを飲み食いできる。懇親会で酔っぱらった参加者が俳優の藤竜也に絡み、一触即発となったエピソードもある。この映画祭は、温泉に泊まり、俳優、監督、ファンらが本音をぶつけあうのが特徴だ。「映画人なら一度は由布院へ行け」という評価も出ている。

由布院はさまざまなイベントを仕掛け、「改革」の松明を掲げ続けることで、国内有数の温泉地となった。しかし、時代はまた変化している。私が訪れた日も韓国人や中国人の観光客が大挙して訪れていた。中谷は、この時代をどう見るのか。

「私たちの時代は、外から大手資本を入れないことをモットーに、まちづくりをしました。いままた新しい時代になり、経済の状況は明らかに変わりました。由布院には外国人観光客が殺到しています。時代にそっぽを向いて仙人のような生活を送るわけにはいかないが、資本になびいて価値観まで変える気はありません。自分が培ってきた美意識など大切なモノを変える必要はありません」

由布院本来の価値を大切にしながら、グローバル化を乗り切る。この思想は新江にもしっかり引き継がれている。まちづくりは長い時間がかかる。改革のＤＮＡをいかにつないでいくか。地域再生の要諦はその一点にかかっていると思う。

〈参考文献〉
木谷文弘『由布院の小さな奇跡』新潮新書
野口智弘『由布院ものがたり』中公文庫

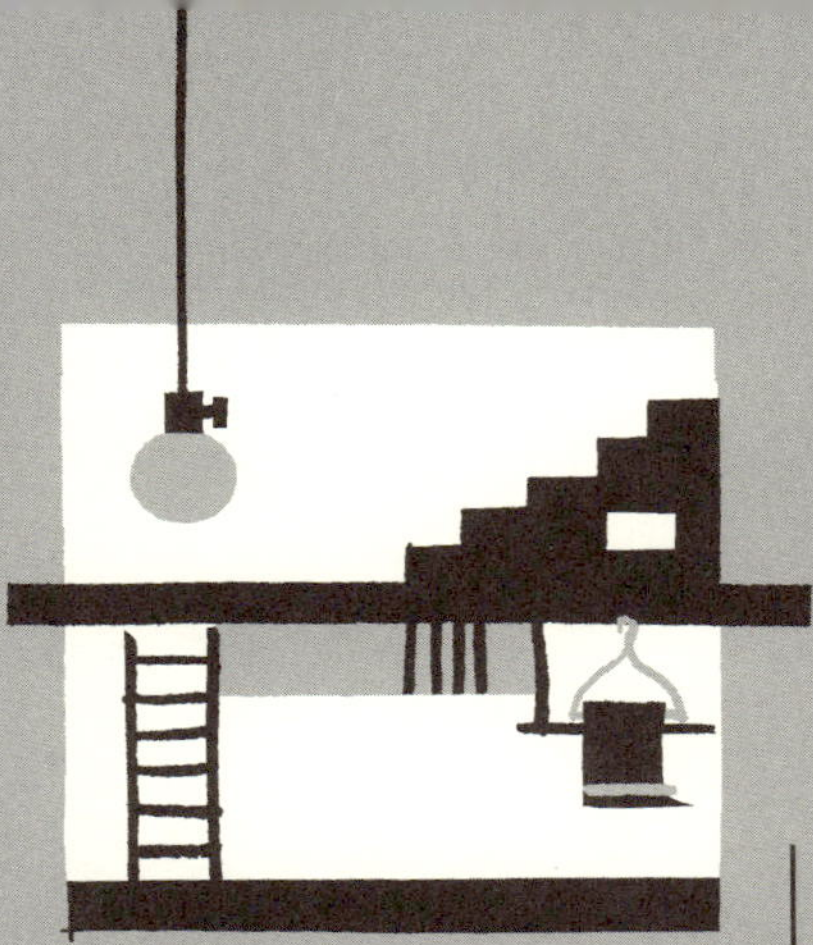

第七章

「人口減少」——未曾有の危機に立ち向かう

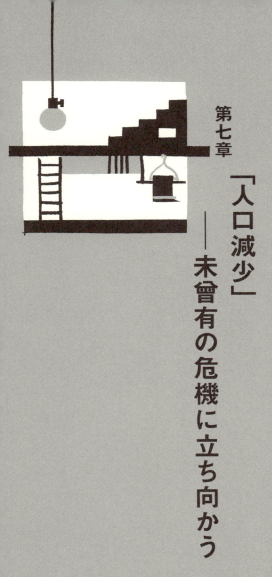

左●高松丸亀町商店街振興組合の古川康造理事長
右●商店街のシンボルであるクリスタルガラスドーム

「医・食・住」でまちを再生——高松丸亀町商店街（香川県高松市）

取材：2018年7月

客ではなく居住者を取り戻す

全国いたるところで、シャッター街を見かける。かつては賑わっていたのだろう。しかし、大型店が進出し、客が流れる。人口減少が追い打ちをかけ、人通りが途絶える。売れないから店を閉じる。

まさに今の日本の縮図と言える。時代の流れで、しかたがないと諦めるべきなのか。いやそうではない。危機感を抱き、行動に移せば結果を出せる。それを証明した商店街が香川県高松市の中心街にある。高松丸亀町商店街だ。古川康造《ふるかわこうぞう》（60）は、高松丸亀町商店街振興組合理事長として、再生の旗を振った。

商店街では二〇〇六年以降、次々に再開発ビルが建設され、新たな店が入居した。賑わいが戻り、「奇跡の商店街」とも呼ばれている。年間一万人以上が視察に訪れる。再開発事業は「土地の所有権と利用権の分離」が特色だ。所有者が土地の所有権を持ちつづけながらも、利用権、つまり店舗を経営する権利は手放す。本人が経営してもいいし、別の人が手掛けてもいい。前例のない試みだ。厳しい競争原理も導入した。売り上げ不振の店は退出してもらう。再開発といってもたんなるハコモノの整備ではない。町を縮め、新しい運営の仕組みを考案した。

荒療治は成果となって表れる。売り上げは三倍近く。固定資産税の納税額は、再開発前の九倍となる。「税収の確保」を前面に打ち出した。

しかし、古川は楽観していない。「大型店との戦いは決して甘くはありません。お客さんの支持を失ったら商店街はおしまいです」。

商店街全体を大型ショッピングセンターのように見立て、正面突破を図る戦略だ。香川県は人口一〇〇万人を下回っているが、イオンなどの大型商業施設は五つもある。小さな湖に巨大なクジラが五頭泳いでいる感じだ。商店街はいかにして戦ってきたのか。

*

私の目に飛び込んできたのは、巨大なガラス張りの円形ドームだった。高さは三三メートルだ。九階建てのビルに相当する。日差しが降り注ぎ、明るい。何より驚くのは、平日にもかかわらず、人通りが多い。ドームの下には広場がある。年間二〇〇以上のイベントが行われ、市民・企業・行政に貸し出される。結婚式やファッションショー、さらには立ち飲み会場になるなどイベントが目白押しだ。

レストラン、カフェ、海外の高級ブランド店などが目立つ。高松丸亀町商店街は、南北四七〇メートルある。再開発事業は七つの街区に分けられ、それぞれテーマを掲げる。「高級ブティック街」「アート・カルチャー街」「地産地消街」などだ。現在は、四つの街区が完成している。ドームがあるのは、最初にできたA街区だ。

ショッピングセンターがそのまま商店街に場所を移したようだ。通りを歩くだけでは見えないが、再開発されたビルのテナントの上には、マンションがある。

つまり、住民が住んでいることが最大の特徴だ。「客を取り戻すのではありません。居住者を取り戻すのです」。それこそが、丸亀町の流儀だ。今では、人でごった返しているが、かつては閑古鳥が鳴いていた。

瀬戸大橋開通の誤算

三〇年前の一九八八年、高松市はお祝いムード一色だった。瀬戸大橋が全面開通したからだ。それは、四国の人々にとって悲願だった。活性化の起爆剤と期待された。巷では、「本州から観光客が殺到して商店街は潤う」「企業誘致がしやすくなる」などの声が聞かれた。当時はバブル経済の絶頂期だった。商店街の売り上げもピークで、商店街の地価が急騰していた。中心市街地でマンションが乱立する一方で、郊外では住宅開発が行われた。

浮かれたムードだった。しかし、先行きに不安を抱く男がいた。前理事長の故・鹿庭《かにわ》幸男《よしお》だ。古川ら若手に対して「このままだと商店街は一〇年ももたないぞ」と危機感を露わにした。

「バブル期でした。だから、我々若手も鹿庭さんの言葉を信じられなかったのです。しかし、鹿庭さんは商売人として直感的にダメになると思ったのでしょう」

月日がたつにつれ、鹿庭の予想が現実となる。瀬戸大橋の完成で、トラックや鉄道を使った物流ルートが確立された。それまでは本州と四国の物流は船に頼っていた。安定した物流は、大手スーパーにとって絶好の四国進出のチャンスとなった。大規模小売店舗法の規制が緩和されたのも、彼らの進出を後押しした。

さらに、多くの人が本州に買い物に出かけるようになり、商店街の売り上げが激減した。いわゆるストロー現象だ。商店街はみるみるうちに衰退した。

理事長の鹿庭が古川ら組合の青年会に指示したのは、「ダメになった商店街を視察しろ」だった。古川らは視察した。すると、衰退する地方都市には、一定の法則があることに気づいた。市街地が拡散している。郊外では、大型ショッピングセンターが進出し、消費者はそこに吸い取られていた。中心商店街は空き店舗が増えていた。

「この法則を僕らの商店街に当てはめると、ぴったりはまったのです。若手の間でも、早ければ一〇年でこの商店街はなくなるだろうという認識が広がりました」

商店街の年間売上高はピークの一九九〇年には約三〇〇億円あったが、一〇年ほどで三分の一近くに減った。居住人口も、一〇〇〇人から七五人にまで減少した。鹿庭の予言はピタリと当たった。この間、イオンなどの巨大ショッピングセンターが次々にでき、消費者を一気に吸い寄せた。人口一〇〇万人の香川県では、明らかに店舗の床面積は大きすぎた。「オーバーストア」状態だ。中心商店街がシャッター街となるのは確実な情勢だった。

「今後一〇〇年を見据えたまちづくりをしよう」。まちづくりの号砲が鳴った。

土地の所有権と使用権を分離

古川らは全国の視察を踏まえて、「土地の問題を解決しないと、再開発計画は先に進まない」と判断した。そして作成した再開発計画は、前例のないものだった。土地の所有権と利用権の分離を盛り込んだ。地権者は土地の所有権を持ちながら、彼らから店の利用権を切り離した。

最初に再開発に取り掛かったのは、前述したA街区だ。地権者は二七人だ。そもそも、地権者でもある商店主は、営業せずシャッターを下ろしても、駐車場にしても勝手である。今回の再開発計画は地権者の「勝手」を許さない内容だ。

ただ、土地の問題は財産権に触れることにつながる。先祖代々の土地に手を突っ込むのは、極めてナーバスな問題である。人通りが少なくなっても貯蓄があり、食うに困らない人もいる。強硬に反対された。外部の専門家も交えた会合は一〇〇〇回開かれ、古川らは粘り強く説明した。

「反対する人を説得するには、精神論ではダメです。自分たちの利益を主張するより、再生計画に加わったほうが得だというように話さなければならない」

再開発計画を進めるうえで、不可欠なのは、地権者全員の合意だ。中途半端な合意では後でもめる。視察でわかった教訓だ。

行政主導の駅前の再開発などで、失敗するのは、こんなケースだった。まず、商店街の三分の二の地権者の賛成で再生事業計画がスタートする。商店街は市役所に再開発をお願いする。ところが、市役所は商業ビルの運営ノウハウがない。そこで、コンサルタントやデベロッパー（開発業者）に丸投げする。こうした業者は、ビジネスなので巨大なビルを建てたがる。そして、目玉となる大型テナントを誘致する。オープンにこぎつければ、業者は報酬をもらって地域から去る。その後、そのテナントは、売り上げが低迷すると撤退する。

残るのは、駅前の空き店舗ばかりの巨大ビルだ。活性化どころか、今後巨額の借金に苦しめられる。賛成派と反対派の分断を招き、地域が崩壊する――という具合だ。

そうした失敗だけは避けたい。そこで全員合意にこだわる。

「全員合意は高いハードルでしたが、地域コミュニティーを崩壊させないためには不可欠でした。コミュニティーが維持されれば、今後再びいろいろな手が打てるのです」

ちょうど時代はバブル崩壊に見舞われた。子孫に残すはずの土地の価格が急落していた。最終的には、地権者全員が危機感を共有し、合意に至った。「丸亀町で商売をやっている人は、数字に強く、時代の先を読める人だったのです」。

合意の後は、いよいよ実行段階に移る。合意に四年かかったが、その後、法律的な問題をクリアするのに、実に一二年かかった。「僕らのやろうとしたまちづくりは前例のないものです。都市計画法、建築基準法、道路交通法など、さまざまな法律が障害になっていました」。県外の学識経験者などにも相談した。商店街がやりたいことを、制度上可能かどうか検討をお願いした。

第三セクターも「民」が主導

そしていよいよ再開発計画は動き出す。ポイントとなったのは、新たにつくった第三セクター「まちづくり株式会社」（以後「まちづくり会社」）だ。社員は、全国からまちづくりのプロを公募して選んだ。彼らは東京などで活躍していた面々だ。一年契約で実績を残さなければ、契約は打ち切られる。

第三セクターと言えば、行政が五一パーセント以上の株式を握っているケースが多い。そうすると、議会の合意形成に時間がかかり、意思決定が遅れてしまう。古川らは、その「弊害」をなくそうとした。行政の出資比率は五パーセントにとどめ、残る九五パーセントは商店街が出した。

具体的な仕組みはこうだ。地権者は土地を「まちづくり会社」に六〇年間貸し出す。土地の使用権については、「まちづくり会社」に譲り、運営や管理を委ねる。「まちづくり会社」は、テナントを探し、賃料を回収する。その賃料は最終的には地権者に支払われる。ただ、そのお金は、銀行への返済、会社の人件費、ビルの管理費を差し引いた分だ。

「全国の再開発事業の第三セクターは、地代を払うことを優先し、結局、破綻する事例が多いのです。しかし、僕らの商店街では、地代の支払いは、最後なので、「まちづくり会社」の財務が傷まないようにしました」

興味深いのは、地権者にも、テナントにも厳しい競争原理を導入していることだ。地権者に支払うお金は、テナント店舗の売上高次第で変動する。売り上げが下がると、地権者の受け取りも減る。しかも売上高が下限を下回ると、テナントは営業権を失ってしまう。実際に、権利を失ったテナントも続出した。

「売り上げが出ないのは、マーケットの支持を失っているということです。どんどん店舗が入れ替わったほうがいいのです。地権者も一生懸命、「まちづくり会社」やテナントと協力して売り上げを伸ばそうとします」

消費者のニーズに合わせることを第一に考える。つまり、ショッピングセンターの合理的な店舗運営システムを導入し、店舗を入れ替えていく。それを担うのは、プロ集団である「まちづくり会社」だ。商店街のデベロッパーとして、店舗配置のかじ取りを担う。甘えは許されない。

町を縮めて高齢者のパラダイスへ

瀬戸内海に面する高松市は商都として知られ、かつて商圏四〇〇万人(四国四県)と豪語していた。基幹産業は商業だった。市全体の中心部は面積が全体の五パーセントだが、七五パーセントの税収をあげていた。そこに大勢の住民が暮らし、商売を営んでいた。いわばコンパクトシティーだった。

その後、戦後の人口増加や経済成長で、都市は大きく広がった。バブル期に中心街の地価が急騰したことも、郊外での住宅立地を加速した。

ところが今や、深刻な人口減少に直面している。広がりすぎた「町を縮める」作業が必要になってきた。「僕らが子どものころには、丸亀町周辺にはすべての診療科の病院がありました。八百屋や魚屋があり、徒歩圏で生活できました。町を再び縮めるのが大事なのです。住みたくなるようなまちづくりをする。人々が集積し、寄り添って暮らすのです。車ばかりに依存しなくても、快適に暮らせるようにすべきなのです。かつてのコンパクトシティーをもう一度、蘇らせるべきなのです」

それでは、どんなコンパクトシティーにすべきなのか。古川が力を入れているのは、医療の充実だ。

「『年をとったら丸亀町に住みたいね』といってもらいたい。高齢者のパラダイスにしたいのです。私たちが安心して老後を暮らすために町を再生したいのです」

すでに、商店街の中央の再開発ビルの四階と五階に診療所がある。自治会が運営する異例の取り組みだ。内科、眼科、整形外科など七科のほか、リハビリセンターも備えている。いわば「町のかかりつけ医」だ。

このビルの六階以上はマンションだ。古川はその住人を入院患者のように見立てる。

「診療所なので、入院施設はありません。しかし、上の階のマンションの住人はほぼ一〇〇パーセント高齢者です。高齢者にとっては、自宅なのに病室のような安心感があります。医師は二四時間いつでも対応してくれるからです。医師にとってもメリットがあります。マンションを回ればいいので、往診や回診がしやすい。自宅は世界最高の特別室なのです」

診療所の検査機器は最新のものを備えた。高度医療が必要な際には、香川県立中央病院や国立香川大学医学部附属病院にお願いするシステムを備えた。ちなみに院長の瀬尾憲正《のりまさ》は自治医科大学の教授だった。高松市出身で定年退職後にUターンした。診療所の設立は、流出した優秀な人材を取り返すための舞台づくりをしたことになる。

マンションは定期借地権付きなので、分譲価格を安く設定できた。賃貸の部屋も用意する。今後、新たなビルが造られ、最終的にはマンションは四〇〇戸になる。診療所の機能を一段と強化する方針だ。

「医・食・住」地域でお金を回す

医療を充実させ、人を呼び込む。そんな戦略を掲げるが、もう一つ力を入れているのは、「食」だ。地元の食材を中心に販売する店を開業した。運営するのは、商店街の地権者らがつくった会社だ。

注目すべきはその商品だ。スタッフ全員で生産地や工場へ出向き、二年がかりで徹底的に調査し、品ぞろえを決めた。

店内には、無農薬の野菜や果物、コメなどが並ぶ。地元の契約農家から直接仕入れている。

卵も農場から直送される。マダイは、商店街から一・五キロの高松漁港から水揚げされたものだ。目の前の海で獲れた魚は目玉商品となる。店舗に併設されたレストランには地元食材を使ったメニューもある。現在は仮店舗だが、今後移設し、大きな店舗にする。

「医・食・住」をテーマに掲げ、「町を縮める」路線を貫いている。それは何も商店街だけに恩恵を与えるわけではない。地域の農家や漁師にとって安定した収入源となる。

農家は、農協ルートを通さないので、収入が増える。漁師も直接持ち込むので、安定した収入を得られる。商店街の再開発をきっかけに、地域でお金が回る仕組みをつくり上げようとしている。

「僕たちがハッピーな老後を暮らすために、この町をどうすればいいのか。それが大事なのです。大きな風呂にも入りたいし、映画も見たい。だから、町営で温浴施設や映画館をつくることも計画しています」

再開発計画の結果、歩行者通行量や売上高は三倍になった。さらに、高松市の財政にも貢献した。四つの街区の完成で、建物の固定資産税だけで年間一億四〇〇〇万円を市に払っている。再開発前の実に九倍だ。

古川は、市の中心街こそが、市の財政を支えていると強調する。

「大型ショッピングセンターは地価の安い農地を利用しており、敷地面積当たりの固定資産税は、中心部より圧倒的に安いのです。さらに、法人税は本社がある東京にいきます」

したがって、学術上は、中心商店街を活性化したほうが市の財政を押し上げる効果があるという。数字に裏付けられた古川の「まちづくり」論は説得力がある。「商店街再生」はいわば、どの地域でも切迫した課題だ。このため、行政関係者の視察が圧倒的に多い。

「視察に来た人の多くは、『丸亀町は特殊だ、奇跡だ。うちにはできない』といいます。ただ、日本全体が、人口減少や高齢化など有史以来経験したことがない地殻変動に見舞われているのです。世の中の大前提が崩れているのです。今までのやり方をやっていてはダメです。『土地の問題』は簡単ではありませんが、国がコンパクトシティーの旗を振っていることもあり、我々が始めたときよりもずっとやりやすくなっています」

人口減少社会に突入した今、人口増加を前提としたまちづくりから決別しなければならない。それには、丸亀流は有効だ。私が古川の話を聞きながら、思い出したのはダーウィンの「進化論」の言葉である。「強い者が生き残るのではない。賢い者が生き残るのでもない。変化するものだけが生き残る」。地方消滅が取りざたされている今、「変化する」覚悟が求められている。

左●夕張市の鈴木直道市長
右●巨大テーマパーク跡地に建つ「夕張希望の丘」と書かれた鉄塔

「課題先進地」夕張市に生まれた〝希望〟

（北海道夕張市）

取材：2018年8月

全国唯一の財政再生団体

かつて炭鉱の町として栄えた北海道夕張市は、今や財政破綻の代名詞となっている。二〇〇七年三月に破綻して以降、極限までの行政サービスの削減に追い込まれている。面積は東京二三区より広いのに、小学校と中学校はそれぞれ一校しかない。子どもたちは凍てつく寒さの中、長時間バスに揺られる。破綻当時は、全国最低の行政サービスと、最高の市民負担と揶揄された。夕張市は、地方自治体といっても、「自治」が認められていない。要するに、予算編成には、国の許可が必要となる。全国唯一の財政再生団体なのだ。

それはいわば〝見せしめ〟だった。「放漫な財政運営をしていれば、夕張市のように破綻させるぞ。国への甘えは許さない」。そんな国からのメッセージだ。「夕張ショック」は全国の自治体に危機感を植え付けた。それ以来、破綻自治体は現れていない。

夕張市は、破綻以降、人口は一気に三割も減少し、今や八〇〇〇人ほどになる。人口減、税収減、行政サービスの悪化、そして再び人口減……。絶望的な悪循環に陥った。

日本は急激な人口減少の真っ只中にあり、ときに「静かなる有事」と呼ばれる。なかでも深刻なのが夕張市である。ならば、人口減少の最前線で何が起きているのか。現場を取材した。

＊

私は二〇一八年八月末に北海道の新千歳空港に降り立った。北海道が震度七の地震に見舞われる一週間前だ。空港でレンタカーを借りておよそ一時間、夕張市の駅前に着いた。広大な北海道の中でも、交通の便はいいほうだ。それは、観光の町として復活を目指していた理由の一つなのだろう。

夕張市の中心部の通りには、ほとんど歩く人を見かけない。二店の理髪店がポツリと営業していたが、シャッターを下ろした店ばかりが目立った。空き家なのだろうか、崩れかかった廃屋も目につく。

雑草が伸び放題となっている広大な駐車場で車を降りた。そこは、巨大テーマパーク「石炭の歴史村」の跡地だった。かつて大観覧車やジェットコースターなどもあった。「炭鉱から観光へ」と大きく舵を切った時期の、夕張市のシンボルだった。

今では、ほぼすべてが撤去されている。そこにもの悲しくそびえたつ鉄塔があった。白地で「夕張希望の丘」と書かれている。「夕張希望の丘」とは、あまりに皮肉な光景ではないか。私はふと、松尾芭蕉《ばしょう》の句を思い出した――。

「夏草や兵《つわもの》どもが夢の跡」

「課題を希望に」と語る鈴木市長

老朽化した市役所に入る。あえて照明を最小限にしているためか、薄暗い。四階の市長室で、出迎えてくれたのは東京都職員から夕張市長になった鈴木直道《なおみち》（37）だ。胸に差す白いチーフが目に焼き付いた。二〇一五年にベストドレッサー賞を受賞したのも頷ける。

鈴木の言葉からは「希望」がほとばしる。

「日本は人口減少、高齢化など課題先進国。世界が今後抱える課題に、日本がいち早く向き合っています。そんな課題先進国、日本の中でも、夕張市は課題先進地です。つまり、夕張市は世界最先端の課題に取り組もうとしています。課題を希望に変えていきたい」

「課題を希望に」。大きな挑戦をしている真っ最中だという。市長としての年収は二五〇万円あまり。日本一薄給の市長だ。就任から七年、夕張再生は、新たな局面を迎えた。

〇七年三月に夕張市が財政破綻したとき、借金は三五三億円だった。借金返済が鈴木にとって最大の仕事だった。市税収入は年間八億円なのに、財政再生計画では、毎年二六億円返さなければならない。それが二〇年ほど続く。外国人特派員からは「ミッションインポッシブル（不可能な任務）」と揶揄された。

「当時の財政再建計画では、行政サービスは、命にかかわること以外すべて削らなければならなかった。夕張市民が負担に耐えられるかどうかという視点はなかったのです。その結果、若い人は夕張を離れました」

借金を返済し、財政を立て直すためだけの計画であり、そこに住む人の生活や思いは二の次だった。

返済するお金はどこから出るのか。国の地方交付税交付金などもあるが、何より自分たちでお金を生み出さなければならない。市民税は大幅アップした。さらに、ゴミ回収は有料化、下水道代は一気に引き上げた。東京のおよそ二倍だ。

行政サービスも大幅にカットした。図書館や市民会館は閉鎖した。市の補助金も次々に打ち切る。図書館に生きがいを求める高齢者や、子育てをする母親も考慮されない。将来のある子どもたちにも容赦しない。小学校は七校、中学校は四校あったが、それぞれ一校になった。老朽化した市営住宅を修繕するお金もない。それが財政再生計画の実態だった。

若い人は嫌気が差し、夕張市を離れた。残されたのは、高齢者ばかりだ。高齢化率は、破綻前の三五パーセントから五〇パーセントに増えた。鈴木はいう。

「借金を返しても、夕張市は希望がなくなり、市自体が消滅する」

最も大きな負担を強いられたのは、市の職員だった。給与は年収ベースで、四割のカットとなった。住宅ローンなどを抱える職員にとっては、大打撃だ。退職者が急増した。二六〇人ほどの職員は一〇〇人ほどになった。その分、職員一人当たりの業務量は一気に増えた。残った職員は、深夜まで残業しなければならない。午後五時になると経費削減のため、暖房が切られる。室内でもマイナス五度ほどになる。

鈴木には忘れられない光景がある。東京都から派遣されてきた初日のこと。通常通りスーツで出勤した。

「午後五時をすぎると、ほかの職員は突然、スキーウェアなどを着込み、指先の自由のきく手袋をはめました。その後、パソコンに向かっていました。外気が入り込み、室内は冷え切りました。私もコートを着て、厚手の手袋をはめました。ただそれではキーボードを打てません。手袋を脱ぐと、今度は寒くて指が動きません。結局、午後一〇時になって、『初日なので帰らせていただきます』といって帰りました。ほかの職員はその時間帯も働いていました」

鈴木が東京都の職員として夕張市に派遣されたのは、〇八年だ。二年余り働き、東京に戻った後、市民から市長選への出馬要請を受けた。婚約者がいて埼玉に家を買った直後だったが、選挙戦に臨む決断をした。選挙では、政党の支援を受けずに当選し、一一年に全国最年少市長となった。三〇歳だった。給料は都職員のころより二〇〇万円安くなった。東京までの出張費や交際費なども自腹だ。退職金もない。

鈴木が就任早々、立ち上げたのは、産業課だ。民間企業の誘致や観光振興に取り組む部署だ。税収を増加させ、地元雇用を増やすのが狙いだ。鈴木は、出張費がなかったため、プライベートで上京した際に、企業を訪問した。夕張市は新千歳空港から車で一時間ほどなのに、不便な場所のイメージがある。それを払拭するため、自ら説明に歩いた。工業団地は、価格を九割割り引いた。一一年に二区画、翌年にも一区画売れ、完売した。職員とともに足を使って、「外貨」の獲得に汗を流した。

また、一三年には未就学児の医療費の無償化に踏み切った。子育て世代の人口流出が続いているためだ。市財政再生団体なのに、国にどうやって認めさせたか。それは副市長ポストを廃止し、浮いたお金を財源に充てたのだった。

紛糾する住民説明会　市長自ら説得に

さまざまな施策を打ち出しているが、最も困難な事業はコンパクトシティー化だ。

「一〇万都市から人口が減ったのに、町の景色はかつてのままでした。町をダウンサイズさせる必要があったのです。しかし、将来的に住めなくなるところを指定する作業です。自分の地域の将来性を否定されるので、住民からは強い反発がありました」

夕張市は炭鉱で栄え、一九六〇年のピーク時には人口が一一万人超だった。多くの映画館があり、百貨店は賑わった。しかし、炭鉱閉山で人口が急減した。旧炭鉱ごとに集落がある。例えば「真谷地《まやち》地区」は、幹線道路から離れ、人口減少が特に目立つ。かつて五〇〇〇人いたが、今では一五〇〇人ほどだ。

「多くの住民がやってほしいことは、人口が増えるような対策です。夕張市なら最盛期の人口一一万に戻すことです。かつて夕張市は観光でそれを実現しようとしました。コンパクトシティー化はその真逆の政策です。『人口は半減します。だから、あなたは住んでいる地域を離れ、こちらへ引っ越してください』という政策です。住民からは反発が出て当たり前。それは選挙で選ばれる市長にとっては大きなリスクとなるのです」

集落にある市営住宅はもともと、炭鉱会社の住宅だったが、閉山後、市が引き取った。そこに住んでいるのは、炭鉱で働いていた人たちだ。高齢者が多く、真谷地の市営住宅の入居率は三割ほどであった。つまり、七割が空いているガラガラの状態だ。それでも、維持管理費を負担しなければならないのは、市である。

集約化は不可欠だった。風呂のない一二棟の市営住宅を六棟に集約する計画を打ち出した。つまり、住民に引っ越してもらい、政策的に六棟を空き家にした。しかし、財政の論理で強引に引っ越しさせる権限は、政治にも行政にもない。粘り強い説得が肝要となる。担当職員は一二年九月から、手分けして戸別訪問し説明した。想定通り強い反発が出た。

「当初はすべてのことで住民と衝突しました。住民は総論賛成、各論反対だったのです。人口が減少していることから、住宅を集約する必要がある。そんな総論については賛成してくれます。しかし、いざ自分が引っ越しという各論になると、話は別なのです。『思い出の詰まった部屋から離れるのは嫌だ』という声が出てくるのです」

途中から、鈴木は自ら現場に出向き、説明した。しかし、住民の中からは、「亡くなったおじいちゃんとの思い出がある」「子どもの身長を測った柱の傷がある」といった反発があり、交渉は難航した。

集約化は、部屋を暖かくする効果もある。上下両隣が空き部屋だと、寒さが厳しくなるためだ。集約先の六棟に関しては、リフォームを徹底した。各部屋の窓は、気密性の高いサッシにした。一〜二階だけで住んでもらい、三階の床には断熱材を敷き詰めた、階段や手すりなどを改修した。引っ越し費用については一律一四万円支給した。

市の担当職員は、一人ひとりに丁寧に説明した。少しずつ事態は動き出す。翌一三年から引っ越しが始まり、一四年には集約が完了した。行政コストが削減された。最も大きかったのは、住宅棟の浄化槽の維持費だ。集約の結果、九〇〇万円ほどの経費がカットされた。

鈴木がこの集約化のプロセスで改めて学んだことがある。それは、住民の声を聞く重要性だ。

「当初、集約先の各戸にユニットバスを作ることを提案しました。しかし、住民は要らないと断りました。これまで使っていた共同浴場は、大事なコミュニケーションの場だったのです。住民たちは、その代わり今の共同浴場をバリアフリーにしてほしいと言いました。こちらからの案の押しつけは、ダメなのです」

痛みを伴う政策を実現するため、とにかく大事なのは、住民との対話だ。五人以上が申し込めば、市長が年中無休で出向く制度を設けた。

「飲食店に呼び出され、三、四時間も住民からお叱りを受けることもあります。ただ、人はどんなに怒っていても、しばらくすれば収まってくるのです。最後には怒っていた人から『お前も大変だな』という言葉が出てきたこともあります」

コンパクトシティー構想は、全国各地で取り組みが始まっている。それはつまるところ、中心部の活性化だ。交通機関を整備し、広がりすぎた郊外に住む人を中心部に誘導するものだ。夕張市は、それよりはるかに踏み込み、行政が切り捨てる場所を選んだ。人口減少を前提としたコンパクトシティーは全国初である。

財政破綻が引き金となって、夕張市は全国初のコンパクトシティー政策に乗り出した。鈴木によれば、市内の住宅のうち市営住宅の割合が高いことも、プラスに働いた。

「私が市長に就任したとき、市の世帯数約五〇〇〇のうち、市営住宅はおよそ四〇〇〇戸あった。民間不動産が多い地域では、物件所有者ともっと多くの時間をかけて交渉しなければならなかったでしょう。全国一、市営住宅が多いという課題がプラスになったのです」

都市機能を集約するコンパクトシティー

夕張再生は新たな局面を迎えた。「このまま借金を返し、財政を健全化しても、緊縮一辺倒の政策を続けていれば、住民はますます夕張を去り、人口減少は加速します。結局それは再び破綻することにつながります。第二の破綻です」

鈴木は国に対し、借金返済一辺倒だった財政再生計画の見直しを求めた。国は、これまでの鈴木市政を評価した。そして一七年三月、財政再生計画の抜本的な見直しに同意した。借金返済だけでなく、「地域再生」事業も可能となった。新規事業は今後一三年間で、総額一三八億円だ。

再生事業では、コンパクトシティー構想の推進を掲げる。前述した真谷地のような集落内の集約化が第一弾なら、市全体を集約化する事業は、第二弾となる。そこにお金を投じる。いわば攻めのコンパクトシティーといえる。具体的には、最も人口が多い「清《し》水《みず》沢《さわ》地区」の機能を強化する方針だ。福祉、医療、商業、子育てなどの都市機能を集約する。そのなかでも中心は、新たにつくる拠点複合施設となる。

その施設は、勉強室も備えた図書コーナー、コンサートもできる多目的ホール、親たちが集える乳幼児スペースなどを持つ。子どもたちが放課後使ったり、子育て中の親たちが交流したりする。つまり、市民会館、図書館、公民館などの機能を併せ持つ。一九年度にはオープン予定だ。翌二〇年度には、「認定こども園」を開く。こちらは老朽化した幼稚園と保育園を統合する建物だ。

「清水沢地区」では矢継ぎ早に建物ができる。さらに住環境も整える。新たな市営住宅の建設だけではない。民間の賃貸アパートの建設にも補助を出し、多くの住民に住んでもらう。夕張市では、市外からの通勤者が八〇〇人以上いる。若い人が多く、「条件が整えば、夕張に移住してもいい」という人が多い。こうしたニーズを満たすための住宅である。

国だけに頼るのではない。鈴木自ら幅広くお金を集めている。例えば、企業版ふるさと納税を使った寄付だ。北海道で創業した家具のニトリが五億円、漢方薬大手のツムラが三億円寄付した。それ以外も含めて合計金額は約八億七〇〇〇万円となる。

個人をターゲットにした「ふるさと納税」の獲得にも余念がない。都内でわざわざ記者会見を開き、夕張市へのふるさと納税を訴えた。個人版のふるさと納税は三億六〇〇〇万円にのぼる。就任前の一〇〇〇万円とは比較にならない。こうしたお金も、再生事業に充てる方針だ。

ニトリの寄付は拠点複合施設に、ツムラは認定こども園に充てられる。

「財政再建と地域再生の両立は決して簡単ではない。しかし、町の景色を変える政策を進めていきたい」

市内の小中高一貫の英語教室も始めた。インターネットのテレビ電話を利用し、外国人講師がマンツーマンで英会話を指導する。全国初となる取り組みだ。

「夕張市は、課題先進地で、課題と向き合ってきた。そして町の課題を解決した。この経験を踏まえ、さらに英語が話せるようになれば、グローバルな課題を解決する人材に育っていけるはず。高校卒業後に市外で就職してもいい。人生のどこかで、夕張のことを思ってもらいたい。子どもたちには、夕張で生まれたことを誇りに思ってもらいたいのです」

さらに、夕張高校の近くに公営塾「夕張学舎キセキノ」を開いた。三人の講師が、生徒一人ひとりの目標に合わせてサポートする。平日の午後三時半から同九時まで教えてくれる。受講料は月額三〇〇〇円だ。

夕張流のコンパクトシティー化は着実に歩み始めている。破綻したから実施できたという側面は確かにある。夕張市は特殊な事例だと片づける向きもあろう。しかし、多くの市町村も、急ピッチな人口減少に悩まされている。「地方消滅」という言葉が躍ったのは、記憶に新しい。夕張の例は決して他人事ではない。

鈴木はこんな言葉を漏らした。

「危機があっても、住民にそれを悟られないようにするのが、行政手腕という考え方があります。問題や課題を先送りした方が選挙にも通りやすいし、役所批判も少なくてすむ。しかし、本当は追い込まれているのです。先送りの結果、問題は深刻になるのです。夕張の場合は、誰が責任を取ったのでしょうか。先送りの意思決定をした当時の市長などではなく、市民や職員です」

人口減少は日本史上最大の危機である。追い込まれてから身を切る改革を実施するのか。それとも、未然に危機の芽をつむのか。市町村長の決断と実行は、地域の未来を大きく左右する。

第八章

「人財」こそが地域を救う

左●鹿屋市柳谷地区・自治公民館の豊重哲郎館長。
頭上にあるのは「やねだん創世塾十ケ条」
右●オリジナル焼酎「やねだん」

自主財源で集落再生——〈やねだん〉の奇跡（鹿児島県鹿屋市）

取材：2017年4月

Uターンや Iターン殺到の現場

鹿児島空港の近くでレンタカーを借りた。二時間近く運転し、大隅《おおくま》半島の付け根にある集落にたどり着いた。ここは、鹿屋《かのや》市の柳谷《やなぎだに》地区、通称〈やねだん〉だ。人口はわずか三〇〇人の小さな集落である。この集落は、二〇年前までは消滅の危機だった。若い人は離れ、急ピッチで高齢化が進展していた。

ところが、今や再生し、「奇跡の集落」と呼ばれている。一人のリーダーが牽引した。自治公民館長、いわば町内会長の豊重哲郎（76）だ。豊重は今では「地域再生の神様」ともいわれ、〈やねだん〉を行政関係者らが年間五〇〇〇～六〇〇〇人、視察している。

豊重の鞄の中には、いつも、集落の人々の年代別の分布グラフがある。

「地元出身の高校生のうち七人が結婚してUターンしてくれています。女の子は旦那を連れています。子どもも増えています。集落のうち、高校生以下の子どもは三一人と一割以上になりました。今年も二家族がUターンしてくれます」

さらに、他の県などからIターンする家族もひっきりなしだ。UターンやIターンがなぜ殺到しているのか。まずは、現場の声からご紹介したい。

豊重が拠点とする公民館の前の「わくわく運動遊園」で出会ったのは、平松義朗《よしろう》（34）だ。鹿屋市の別の地域出身だが、二歳年下の〈やねだん〉出身の妻と結婚した。妻の実家で、五歳と四歳の子どもと暮らす。

「〈やねだん〉は、いろんな村おこしの取り組みをやっていて、外から来た私のような人間にも居心地がいいのです」

平松は以前は自営業だったが、〈やねだん〉に住むようになってからは、神棚用の榊《さかき》を販売している。平松の子どもたちは、公園の周辺を駆け回っていた。

その公園には、河野《かわの》セイイチ（47）もいた。三歳の子どもを連れていた。河野はもともと、女性誌のカメラマンだったが、二〇〇七年に移り住んだ。Iターン組だ。静岡県出身で、ガラス工芸作家の妻、静恵は富山県出身。豊かな自然環境に魅入られ、移住してきた。二人には九歳の子どももいる。

河野は〈やねだん〉の「専属カメラマン」となっている。年間六〇〇〇人にものぼる視察者の集合写真などを撮る。一枚八〇〇円だ。河野、そして〈やねだん〉の収入になる。

「地域の人々が協力して助けあっている様子を見て、大変勉強になりました。生まれ故郷を大切にする住民の姿を見て、自分も生まれ故郷に思いを馳せています」

肉用牛の飼育を生業としている藤崎隆資《たかし》（72）は、長女（45）と長男（36）がともに、〈やねだん〉に住んでいる。長女夫婦には子ども二人、長男夫婦には子ども三人がいる。藤崎にとっては、集落の中に、保育園や小学生の孫が五人いることになる。

藤崎は「長女の婿は自衛隊で全国を転々としていたが、〈やねだん〉に家を建てた。集落の人と仲良くなり、地域活動に取り組んでいる。集落の青少年育成のための責任者となっている」

と笑みをこぼす。

また、長男については、「〈やねだん〉に戻ってきたときには、同世代の友達が少なく大丈夫かなと心配したが、その後、友達たちが続々Uターンしている。みんなで一緒に飲みに行ったりし、楽しんでいる」と語る。

サツマイモ作りでスタート

「人口が減るのは仕方ないが、その人口の中身を変えていくのが重要です」

今では、こう胸を張る豊重だが、自治公民館長に就任した一九九六年当時は視界不良の中でのスタートだった。当時自治公民館長のポストはだいたい六五歳ぐらいの人が持ち回りだったのだが、五五歳の豊重に白羽の矢が立った。

就任直後に出納帳を見て愕然とした。預金一万円、現金はゼロだった。

「集落を再生させるためには、まずは自主財源が必要だ」。早速着手したのは、サツマイモ作りだった。しかし、当初住民らの間では反発もあった。サツマイモは重く、高齢者にとって収穫は重労働だからだ。

そこで、実際の労働は高校生に任せることにした。「自主財源ができれば、オリックスのイチロー選手の試合を見に行けるぞ」と呼びかけた。ピアスをしたり、髪を染めたりして、不良のような格好をしていた高校生だったが、その「誘い」に飛びついた。

高校生は夕方になると、サツマイモ畑に姿を現した。ぎこちなく農作業に汗をかいていると、高齢者が吸い寄せられるように集まる。かつて培ったノウハウを教えるためだった。高校生と高齢者が交わっていると、次に登場するのは、高校生の親たちだ。農作業でお腹のすいた子どもたちにおにぎりなどを持参する。

サツマイモ畑の畝は高校生、高校生の親たち、高齢者と「三世代」が汗を流し、談笑する場となった。その結果、最初の収益は三五万円となった。豊重さんが約束通り、高校生を引率して、福岡ドームで野球観戦した。鹿児島からバスで向かった。

この体験をきっかけに集落では、「稼ぐ」ことの尊さが浸透した。その後、サツマイモ作りは集落全体での作業になった。子どもが動けば、大人も動く。サツマイモ生産は毎年拡大していった。一度の作業に住民一〇〇人が参加し、植え付けに三時間、収穫に四時間かかる。植え付け作業は午前七時からスタートするが、高齢者は五時からトラクターで土が乾かないよう畝作りをやった。

崩壊しつつあった集落が息を吹き返し始めた。「集落全員がレギュラー選手で、補欠はいない。全員野球の村おこしが重要だ」という豊重の思いが伝わった瞬間だった。

「ボーナスが出る村」で一躍注目

その後、加工食品が必要だと考えた豊重は焼酎の販売に踏み切った。この焼酎は大化けする。

きっかけをつくったのは、ホテルチェーンなどを展開している韓国の実業家、キム・ギファンだ。キムは二〇〇九年、たまたま滞在先のホテルのテレビで〈やねだん〉を紹介したＶＴＲを見た。補助金に頼らない自主自立の精神にすっかり魅入られた。韓国でも過疎化に悩まされており、〈やねだん〉の取り組みに驚いたのだ。そして、現場を実際見てみたいと思って、〈やねだん〉をお忍びで訪れた。

キムはこの焼酎を韓国に輸入することを決断した。韓国第三の都市・大邱《テグ》市で経営するホテルを改装し、日本風の居酒屋〈やねだん〉をオープンした。〈やねだん〉から一〇〇〇本単位で焼酎を輸入し、店で販売した。韓国内に次々に店舗を出し、今ではソウルを含めて韓国で五店を展開している。感動が韓国の経営者を動かした。

自主財源はみるみる増え、二〇〇六年に五〇〇万円になった。そのお金をどう使うべきか。話題となったのは、集落のすべての世帯向けのボーナスだ。新聞、テレビで大きく取り上げられた。

集落の一二二のすべての世帯に一万円のボーナスを支給した。ボーナス支給式典では、豊重は一人ひとりに熨斗《のし》袋を手渡した。なぜボーナスを支給したのか。

「ボーナスは、一緒に、汗してくれてありがとう、協力してくれてありがとう、という意味で出しました。これ以上、金を蓄財するよりも、一気に、住民に還元してあげるほうがいいと思いました」

二〇〇八年三月の集落の総会。豊重は「今年もボーナスに使おうと思っています」と提案すると、「ボーナスは一回でいい。子どもたち、孫たちのために、教育にお金を使うべきだ」「福祉に使って」という意見が出た。集落の人々は決して金持ちではないのに、未来への投資を望んだのだ。

自主財源は、住民のためにさまざまな形で使われる。例えば子どもたちに勉強を教える「寺小屋」への補助だ。豊重は非行に走る子どもたちと話をすると、「勉強が理解できない」という言葉が返ってきた。それならと作ったのがこの「寺小屋」だ。「将来のある子どもたちに〈やねだん〉に住んで良かったと思われたい」と、豊重は話す。

ある年は高齢者に感謝の意を示すため、一九台の手押し車を購入した。この手押し車は荷物の入る収納スペースがあり、簡易な椅子にもなる。高齢者たちは、散歩した後、疲れたら、その椅子に腰かけ、井戸端会議を開く。そんな光景があちこちで見られた。さらに、注目すべきは、集落の古民家の再生だ。「迎賓館」と名付けられ、そこに全国から芸術家の移住者を募った。

一六年は、公民館を増築した。葬儀ができるようにするためだ。

「八〇代以上の高齢者は多くいます。寂しく一人で、孤独死してもらいたくない。それなら、この公民館で、子どもから大人まで仲間たちが『最後までご苦労さんでした』と言いながら、送り出したい。子どもから大人まで仲間たちが作業服のままで参加し、最後まで見守りあの世に送り出せると思ったのです」

すでに、祭壇も用意している。いつでも準備万端だが、「一六年は誰も死ななくて、使用していません」と豊重は笑う。料金は一三万円だ。将来的には、葬儀無料化を実現したいという。

新たに開発した唐辛子の収益でそれを賄いたい考えだ。

「全員野球」の再生、原点は運動公園

豊重はとにかく「全員野球」にこだわる。その原点となったエピソードは、公民館長就任二年目の一九九八年に完成した運動公園だ。自治公民館の隣という、集落のいわば「表玄関」にある。冒頭で紹介した平松や河野が子どもと遊んでいたのも、この公園だ。ゲートボール場兼多目的コートや、卓球場兼休憩所、さらには、腹筋や腕立て伏せなどができる高齢者向け運動器具などが揃う。

この運動公園は、高齢者から、乳幼児、青少年まで集って、声を掛けあう集落の憩いの場となっている。心も体もわくわくする公園という意味で、豊重は「わくわく運動遊園」と名付けた。

元々は、でんぷん工場の跡地だった。二メートル以上の雑草が生い茂り、集落の景観を壊していた。豊重が自治公民館長就任にあたり、真っ先に考えたのは、この跡地を運動公園に整備することだった。まずは雑草の刈り取りから始めなければならない。

「みんなで集う場は、みんなでつくりたい」。豊重の呼びかけに、有志が反応した。休日のたびに、生い茂った草の刈り取りを行った。

その姿は、ほかの住民にも伝播した。この除草作業で集落内の人々の結び付きが強まった。

普段あまり言葉を交わさない人同士が汗を流し、除草すると、自然に心が打ち解ける。集落全体三〇〇人が家族になる第一歩だ。ボランティアの輪がどんどん広がった。

遊具を作るためには木材も必要だ。豊重が資材の提供を呼びかけたところ、集落の一人が「うちの山の杉の丸太、どうぞ」と応えた。杉の丸太はクレーンの重機で切り出され、しばらくは公民館の前に置かれた。

木材の切り出しや土地の造成、建物の建設などを担ったのは、ほぼすべて集落の人々だ。集落に住む大工や左官、造園の経験者らが汗を流した。業者に発注したのは、電気工事だけだ。ノコギリや金槌などはホームセンターで自主財源で購入した。労働する体力のない高齢者は寄付した。まさに住民総出だ。結局、費用は八万円しかかからなかった。こうした運動公園は通常、三〇〇万から五〇〇万円の経費がかかるという。

豊重は、「感動して涙が出た。そして〈やねだん〉は大きく前進していけると実感した。感動があれば、人が動く。それが地域再生の原動力になる。補助金に頼らず、一人ひとりの小さな力を結集して取り組んだ大きな村おこしだった」と語る。

就任二年で起こした絆再生の一大プロジェクトだったのだ。

さらに、運動公園は「副産物」を生み出した。

住民の健康増進だ。高齢者がこの公園の運動器具で体を動かした結果、病院へ行く回数が大幅に減ったのである。鹿屋保健所の調査によれば、〈やねだん〉の七五歳以上の人の医療費は、市平均より三五万円安い四四万九〇〇〇円。また介護給付金も四〇万円安い九五万九〇〇〇円だった。全体で医療費や介護給付費は四〇〇〇万円ほど安い。また、二〇年間、寝たきりの高齢者はいない状態が続く。社会保障費の削減にもつながったのだ。

〈やねだん〉を視察した地方創生担当大臣（当時）だった石破茂も驚いた。

「どうやって健康寿命を延ばしていくかっていうことが日本国の大きな課題であって、〈やねだん〉の取り組みは大きな示唆を与えてくれる」

「急ぐな、慌てるな、近道するな」

次々にアイデアを打ち出し、それを実現していく豊重だが、それを快く思わない人もいた。「あいつは目立ったことをやり、町長選にでも出馬するのではないか」という批判の声もあった。

豊重はとにかく粘り強く説得した。そして反目する人に対して、なるべく出番を引き出すように心がけた。出稼ぎや戦争体験のある人に対しては、それを話してもらったりした。一人ひとりの住民を納得させることで、「全員野球」の地域再生を心がけた。

豊重は、こう振り返る。「人は勝手なもので、他人への不平や不満を言います。地域活動では特に、不平や不満を言う人は必ずいる。とにかく粘り強く話し合うことが大事なんです。『急ぐな、慌てるな、近道するな』が最も大事だと思う」

そのうえで、強調する。「三〇〇人のうち三人が抵抗勢力であるとすると、この三人の一人ひとりには必ず賛同者がいるのです。つまり、その賛同者を含めた一割の人がノーを突きつける可能性があります。それでは、地域再生どころではないのです。『あの人が動いてくれたら、この人も来てくれる』と、勇気と度胸をもって反目者を動かすしかない」

強いリーダーシップで集落を引っ張る豊重だが、何を決めるにしても、情報公開を徹底している。

〈やねだん〉では、新規に事業をやる際には、集落の自治公民館の総会にかける。出席率は常に九割を超える。役員が事業の目的や資金計画などを説明。住民の意見を聞いたうえで、事業を始めるかどうかを決める。この事業はどんなメリットがあるのか、などを公開の場で議論する。集落として一歩踏み出す際には徹底した住民参加が基本となる。

睡眠二時間故郷創世塾の熱気

補助金に頼らず、自主財源で地域を再生させた豊重。その豊重が塾長を務めるのが、「やねだん故郷創世塾」だ。

久々に訪れた創世塾はやはり熱気にあふれていた。揃いの黄色い法被《はっぴ》を身にまとい、講義を受ける男女がいる。みな一様に真剣な表情だ。彼らは北海道から九州までの自治体や社会福祉法人の職員らだ。二〇代や三〇代の若手が中心で、総勢五六人。

塾長の豊重哲郎は、独特の熱気を放つ。時には大声をあげる。講義をしながら、突然塾生の名前を呼ぶ。眠い目を凝らしていた塾生ははっと目を覚ます。そこに豊重は近づき、肩に手をやったりする。

驚くべきことに、豊重はこの塾の最初の日に、すべての塾生の名前と出身、仕事内容などを覚える。あっという間にファミリーのようになっているのだ。

「命がけで地域再生をしろ。地域再生に必要なのは、財政力だ」

「ゼロ歳から七歳までの子どもたちには、名前を呼んで、笑顔で話しかけろ。子育ては家庭に任せきるのではなく、地域も関与すべきだ」

「人材ではなく〝人財〟だ。人は財だ。教育とは変わることだ。地域再生には、義理人情が大事だ。住んでよかった。生まれてよかった。そんな地域にしなければならない」

「高齢者は地域の財産だ。いろんな経験をした生き字引で、図書館のようなものだ」

豊重はシンプルな言葉を吐く。しかし、自らの地域おこしの経験を通じたものだけに、説得力がある。塾生たちは熱心に聞く。

この塾はとにかくハードだ。睡眠時間は平均二時間。午前四時ごろでも豊重の声は響く。まさに不眠不休の状態だ。豊重の話を聞きながら、感極まって涙を流す塾生もいる。

創世塾の講師陣は豊重以外にも、内閣府地方創生推進事務局参事官の澤田史《し》朗《ろう》、元総務省自治財政局長を務め、地域活性化センターの理事長を務める椎川忍らが名を連ねる。

ユニークなのは、集落に暮らす若者も講師になっていることだ。今村秀平（22）もその一人。高校を卒業後、福岡でしばらく勤務していたが、Uターンした。薬品会社に勤めている。

「集落の人たちすべてが家族のようだ。幼いころから、自分のおじいちゃん、おばあちゃん以外にもおじいちゃん、おばあちゃんがいた。住民一〇〇人が参加する〈やねだん〉のミッドナイトウォーキングなどで、集落の絆が深まった。僕も将来は豊重さんのように、地域おこしを頑張りたい」

宿泊は修築された空き家だ。講師料や宿泊代、食事代などの参加費は六万円。もちろん交通費は各自がそれぞれ負担する。

宮崎県都城《みやこのじょう》市で、特別養護老人ホームやデイサービスセンターなどを展開する社会福祉法人「スマイリング・パーク」。そこで言語聴覚士をしている塩川恵介（30）は今回創世塾に参加して、「地域のために尽くそうという気持ちを強くしました。生まれ変わった気分です」と感想を述べる。この法人では、理事長が職員に毎年自費での参加を勧めている。自費での参加のほうが真剣に学ぶというのが理事長のポリシーだという。

「やねだん流」で売り上げ二・五倍

今回の創世塾では、「スマイリング・パーク」の理事長、山田一久《かずひさ》（47）も講師として参加していた。

山田は二〇一一年五月に創世塾に入った。当時は一職員だったが、「東日本大震災が起きるなど悶々とする中でした。そのときの豊重塾長の教えこそが今の仕事の基盤をつくってくれた」と目を細める。

「最初は〈やねだん〉の真似事をやりました」。社会福祉法人の仕事にどのように〈やねだん〉流が応用されたのか。

「反目者を味方につける。地域住民の気持ちに寄り添う。豊重塾長に教えていただいたことを、実践しました」

山田がまず着手したのは、「町内会に入ること」だった。それで、地域に溶け込もうとしたのだ。はじめは断られたが、山田は豊重流を踏襲し、「慌てず、急がず」時間をかけて説得した。そうした努力が功を奏し、町内会に入ることができた。

「〈やねだん〉で学んだからこそ、イメージしやすかった。補助金に頼らず、仕事を生み出す。地域の人たちに役割が生まれるようにする。こうした豊重さんの教えも実践しました」

この社会福祉法人では、施設の入居者などで年間六トンのコメを消費している。そこで山田は〝変革〟を起こす。「以前は大手チェーン店などから購入していたが、完全に地域からの購入に切り替えました」。その結果、「地域の農家の人たちにやりがいをもってもらえる」状態になった。

さらに地域の祭りにも、積極的にかかわった。「お祭りでは、うちの会社のヒト、モノ、カネを投入しています。その結果、お祭りでは、出店も増えています」。

地域との連携、農業との連携が評判となり、経営的にも好循環となった。さまざまな地域から、施設の進出要請を受けているのだ。介護職員は過去四年間で、三倍の二〇〇人に、売り上げも二・五倍になった。地域のニーズに合わせた健全な業務拡大を実現した。山田にとっては、豊重は〝師匠〟のような存在だ。

土着菌で有機農業をブランド化

ほかにも、社会福祉法人の職員が〈やねだん〉で学ぼうとしている。島根県出雲市《いずも》でデイサービスやグループホームなどを経営する「もくれん」からも参加していた。送り出したのは、代表取締役の上田英範《ひでのり》（48）だ。これで、「もくれん」からの入塾者は一四人だ。

上田は今回、出雲市の同じ地区の診療医の奥野誠《おくのまこと》（41）と一緒に車で一一時間かけてやってきた。上田は一三年五月、創世塾の塾生となった。きっかけは、〈やねだん〉を取り扱ったテレビ報道だ。

「本当にそんなところがあるのかと思って入塾しました。そこでは、子どもも高齢者もみんな役割があったのです。昔の日本の原風景を見ているような気がしました。人と人がかかわるのが社会なのです。それからは一〇回以上訪れています」

一方の奥野は上田に誘われ、一六年一一月に創世塾に入った。

「入塾する三年前に入院しました。寂しいと痛感しました。在宅で過ごし、最後は息を引き取る。そうした在宅介護の重要性を痛感しました。しかし、在宅で介護しても、家族だけでは限界があります。地域住民の協力なしでは、介護はできない」

介護と医療。それぞれの仕事を担う二人は、地元の中学校の校区を〈やねだん〉のようにしたいというのが夢だ。一万人暮らす地域について、「子どもも、お年寄りもみんな役割をもつ地域にしたい」という。

塾生の最年長は、千葉県いすみ市の市役所から来ていた関静男（60）だ。一七年三月に市役所を退職したにもかかわらず、職場に復帰した。

なぜか。そのきっかけは、〈やねだん〉が作った土着菌である。土着菌は、土中に生息する細菌に米ぬかや砂糖を加え発酵させたものだ。家畜に食べさせると、糞尿の臭いがしなくなる。そして、土に混ぜると化学肥料などが要らず、有機栽培の野菜などができる。

いすみ市では、〈やねだん〉から土着菌を購入する。一七年一二月に土着菌を活用した堆肥・有機質肥料の製造センターを稼働させ、市内の農家に無料で提供する事業が動き出す。関はその責任者になる。

「有機農業で『安心・安全』な野菜なら、農薬や化学肥料を使ったものより一・五倍から二倍の高値で販売できる。農家の所得アップにもつながる」

そのうえで、関はこう語った。「いすみ市は水産業と農業が主な産業ですが、水産業はある程度ブランド化できています。次は農業です。太田洋《ひろし》市長は、土着菌を使った有機・無農薬栽培で、いすみブランドを築きたい考えだ」。市長自ら、一六年八月に〈やねだん〉を訪れ、土着菌の購入を決めたという。

〈やねだん〉経験で首長が地域再生

この創世塾は一〇年目を迎えた。これまで、およそ九〇〇〇人が参加した。卒塾生の中には、首長もいる。若手に交じり、同じように黄色い法被を着て講義を受けたのだ。そのうちの一人が奈良県・十《と》津《つ》川《かわ》村村長の更谷慈禧《さらたによしき》（70）だ。一一年に水害に見舞われた。台風一二号の影響で、土砂崩れや川の氾濫が起きた。その結果、死者六人、不明者六人の大惨事となった。

「豊重塾長には大いに勉強させてもらい、その後の村づくりに役立ちました。我々もついつい、県や国に頼ってきたけれど、自分にできることは自分でやらなければならないということを再認識しました」

更谷はそう成果を語るが、首長といっても特別扱いではなかった。役場の職員全員の名前を覚えているかと質問され、更谷は、すべては覚えていないと返事した。すると、豊重から大目玉をくらった。

「職員全員はファミリーだ。大事なのはフルネームを覚えることと笑顔で接することだ」

創世塾での経験が、のちに起きた水害からの復興に大いに役立った。

十津川村は「日本一広い村」として知られるが、「住民がそれぞれ何をすべきか考えた。〈やねだん〉のようにコミュニティーが一致団結しました。創世塾で学んだ経験が生かされました」と更谷は語る。

復興はまさしく〈やねだん〉流だった。仮設住宅はプレハブではなく、あえて、村の木材で建設した。この村の面積の九六パーセントは山林である。そして、その住宅を作ったのも、地元の大工だ。「木材」も、「大工」もいわば十津川村にある〝財産〟である。「それぞれの地域の財産を利用しろ」という豊重の教えに沿った形だ。さらに、十津川村では、木材の付加価値をつけるため、家具の製造なども行っている。「原木を売るだけでなしに、机や住宅も、加工から製品化までして十津川の木を売り出す」という。自分で稼ぐ、〈やねだん〉流を導入したのだ。

「先人が残してくれた森林という資源が足元には眠っていたのです。水害になっても、少しでも被害を少なくするためには、山を放置してはいけないと痛感しました。村では『山を守ろう』という考えが浸透しました」

山形県最上町《もがみまち》の町長の高橋重美《しげみ》（68）も塾生として入った。高橋は一五年春、保育料の完全無料化を実現した。豪雪期が過ぎた三月中旬から、道路の雪を町民の協力で処分し、年間の排雪費の縮減に努めた。少しでも、町のお金を浮かせて、保育料に充てる。そんな意識づくりを住民の間に浸透させた。

「町全体が隣の子どもを育てる意気込みで、『子育て王国』にしたい。子どもの成長は学校だけでなく、地域も大切だ。地域のみんなが子どもたちを小さいときから可愛がるのが大事だ。子どもたちが大いに勉強して、いずれは最上町に戻ってきてほしい」

「子育て王国」という明確なビジョンは〈やねだん〉精神が原点だという。高橋は「町づくりの主役は、行政でなく、町民だ。町民が誇りをもってこそ、地域は再生する。『ないもの』ではなく、『あるもの』を生かして頑張りたい。みんなが頑張る『全員野球』の精神を〈やねだん〉から学んだ」と話す。自ら塾生だったわけだが、その後、これまで町の職員を送り込んでいる。今回の塾生たちは、故郷創世塾を終えた後、地域に戻って、地域の再生に汗を流す。

この創世塾は〇七年に始まった。豊重は、なぜこの塾の開催に踏み切ったのか。〇三年に大腸がんになったことが契機となった。医師からは、余命五～六年と宣告された。闘病中にノートに書き留めた、自分の経験を後輩たちに伝えようと思ったのだ。

豊重の情熱が全国に伝播

豊重は「〈やねだん〉ができたことはほかの地域にだってできる」と考えた。小さな町内会の体験はほかの地域にも応用可能だと思ったのだ。

政府から〈やねだん〉を視察する人は後を絶たないが、地方創生担当大臣だった石破茂も〈やねだん〉を訪問した。

「日本全国視察しているが、高齢者が増え、人口が減る、そして若い人がいなくなる。子どもが生まれない。そういう深刻な状況を見続けてきた。〈やねだん〉の噂は聞いていたが、正直、あまりにいい話なので、半信半疑だった。しかし、今回訪問してこんな集落が本当にあるんだということがわかり、驚いた」

地方創生の伝道師のように全国を回っている石破ですら、驚嘆したのである。

衆議院議員の小泉進次郎も地方創生担当の内閣府大臣政務官として、一五年八月一日に一泊二日で訪れた。唐辛子畑を視察したり、子どもたちに触れ合ったりした小泉はこんな感想を語る。

「〈やねだん〉は高校野球です。プロ野球に比べたら、技術は劣るのに、なぜプロ野球でも感じられない感動と奇跡が起きるのか。それは絶対諦めないからだ。アウトだとわかっていてもヘッドスライディングする高校野球のような必死さが〈やねだん〉にはある。東京は、便利で最先端のいろいろなものが揃っているかもしれないが、〈やねだん〉には、東京でも起きないような奇跡が起きるかもしれないという予感がある」

バブル崩壊後の縮むニッポン。高齢化、少子化、学校崩壊、耕作放棄地、空き家問題などさまざまな複合的な問題を抱えて、もがいている。こうした状況下で、反転攻勢するにはどうすべきか。

「人口増」を前提に国づくりを進めてきた官僚や政治家に、任せていても、解決法は見出せないと、私は思う。地域でも、企業でも、再生するには、熱狂するリーダーが必要だ。彼らの情熱こそが、再生の息吹に変貌する。

豊重が汗だくで人材育成に熱中している。その思いが〝火種〟となって、全国に伝播しつつある。〈やねだん〉DNAが広まることこそが、借金まみれなのに痛みを先送りしている、日本を変える近道だと私は考える。

特別対談

「時間と場所を超えて、残す価値のある地方創生の記録」

――（地域エコノミスト）藻谷浩介×出町 譲

「地面」がもたらす大きな恵み

出町　私がかつて「報道ステーション」のデスクをしていた頃、「やねだん」の特集を放送したことがありました。そのときにゲストとして出演してくださったのが藻谷さんでしたね。

テレビの世界は次々と情報のフェーズが変わっていきますが、地域再生の現場をしっかり記録することが大事だと私は思いまして、月刊誌の連載をもとに今回の本を書いたのです。

藻谷　この本は、出町さんの非常に感度の高い取材から生まれた、〝温故知新〟の粒ぞろいの書ですね。過去の重要な事例もおさえている一方で、最新の話題も取材している。地域再生をテーマにした本はたくさんありますが、これだけ多岐のジャンルにわたって、質の高い事例をセレクトして、きちんと取材をして書かれた本は貴重です。時と場所を超えて残すべき、地方創生の記録といえるのではないでしょうか。

出町　日本全国の地域再生の現場を歩いてこられた藻谷さんからお褒めの言葉をいただき、非常にうれしく思います。取材先は誰かに主導されたということもなく、私のアンテナに引っかかったというだけで選んできたのですが、素晴らしい事例ばかりでした。

藻谷　特に大事なのが取材力なんです。取材の作法の修行を積んでいない人や、そもそも現地で取材していない人がネット上に書き散らすことで、「悪貨が良貨を駆逐する」状況が起きている。取材にきちんとお金と時間をかけた、良質なコンテンツを残していかなければいけません。

出町　さて、本書の取材先はどこもたいへん印象深いのですが、なかでも強烈だったのは、〈やねだん〉の豊重哲郎さんです（第八章）。

藻谷　〈やねだん〉はあらゆる意味でとんでもないところです。僻地にある一集落が自主財源をもっていること自体がまず奇跡というしかない。

出町　鹿児島空港からもかなり遠くて、車で二時間ぐらいかかるところですからね。

藻谷　地理的にも非常に厳しい。普通だったら、閉鎖的な人たちがひっそりと住んでいて。そのうち集落がなくなってもおかしくないロケーションです。それが今や、アーティストなどの移住者もどんどん受け入れて、子どもがどんどん生まれているわけです。

出町　さらに〈やねだん〉がすごいのは、豊重さんが先頭に立って人材育成に力を注いでいる点ですよね。「やねだん故郷創世塾」は、全国から毎年一〇〇人の生徒を受け入れて、通算一〇年ですから、いまや塾生は一〇〇〇人に達しています。

藻谷　「やねだん故郷創世塾」は、かなりブラックな合宿ですよね。（笑）

出町　そう、ブラックです（笑）。私も取材で何度か訪れましたが、合宿中は一日二時間しか寝ないで、豊重さんが声を張り上げて塾生たちをしごいている。

藻谷　しかもそれが企業の研修とかではなく、地域を創り上げようという情熱だけでやっている。〈やねだん〉の住民数は、都心の大きなマンションと同じくらいでしょう。

出町　三〇〇人ぐらいですからね。

藻谷　都心のタワーマンションだって五〇年もすれば老朽化して、エレベーターのみならずダクトや外壁の補修が必要になってくる。そのときに、〈やねだん〉と同じくらいの情熱でマンション再生に取り組む人がいるか？　おそらくいないのではないでしょうか。

出町　情熱をもって再生に取り組む人がいなければ、コミュニティもできないし、補修費も集まらず、マンションも廃墟になってしまいますね。

藻谷　超高層マンションの住民は、地面から離れるほどステイタスも高いと思うのかもしれませんが、地面がもたらす恵みというのは計り知れない。〈やねだん〉だって、自分たちの土地で芋をとり、土着菌を活用して焼酎にしている。地面から離れると、人間は打てる手が極端に少なくなってしまうんです。〈やねだん〉は地面の実りが、人が暮らせる土台になっているんですよ。「天の時・地の利・人の和」といいますが、まさに「地の利」を最大に生かしています。

出町　地面という観点からいうと、由布院（第六章）も自分たちの土地を守ろうとした歴史がありますね。一九五〇年代のダム建設反対運動や七〇年代のゴルフ場建設反対運動によって、由布院の土地を守りました。

藻谷　由布院は、単なるアレルギーで条件反射的に反対運動をしたのではなく、非常に長期のビジョンをもって運動をしたことがすごいですね。

出町　そのスピリットが連綿と受け継がれて、いまに至っています。

藻谷　同時代の開発反対運動といえば、成田闘争が有名です。しかし、成田闘争には時代を超え世界に通じる哲学が足りませんでした。都心から遠い、血と汗の染みた戦後開拓地を空港用地に選んだのは間違いでしたが、羽田以外にも国際空港が必要なことは歴史的にも国際的に明らかでした。一方、由布院の「もうダムはいらない」という哲学は、今考えても間違っていません。

出町　由布院はダムだけではなくゴルフ場建設も反対を貫きました。本書で取材した中谷健太郎さんはその反対運動のリーダーです。

藻谷　バブル期に「なぜあのときゴルフ場に反対したのか」という声も挙がったと聞いていいます。しかし現在、由布院だけじゃなく全国でも、ゴルフ場がないところのほうが観光客が増えています。たとえば星野リゾートは幅広い事業をやっていますが、ゴルフ場はひとつもない。ゴルフ場建設反対も、未来を見据えた提案でした。また由布院は、「牛喰い絶叫大会」「湯布院映画祭」などのご当地イベントを最初に始めた地域でもあります。

出町　単に伝統を守るというだけではなく、先駆的なチャレンジもしてきたわけですね。「別府のマネをしない」というのがひとつの哲学になっているのです。

藻谷　大観光地である別府のマネをしないというのは、当時のメインだった団体観光客ではなく、個人客をターゲットにしたということです。旅行は個人でするのが当たり前になった現在となっては、由布院の先見性が証明される結果となりました。

「自分たちの町」をどう守るか

出町 「自分たちの町を守る」ということでいえば、尾道の空き家を再生させる取り組みも取材しました（第五章）。

藻谷 尾道は、かつて大林宣彦監督の映画で取り上げられて人気が集まりましたが、その賞味期限も切れ、車社会に対応していない斜面の住宅地や古いアーケード街では、高齢化と老朽化が進んでいます。ところが、この町を捨て置けないという人たちが次々と住み着いて、町がまだ生き残っている。さらに、商店街も元気に続いている。これはすごいことです。

出町 本書で取材した、豊田雅子さんという、Iターンしてきた女性が音頭をとって、空き家再生の取り組みが始まりました。

藻谷 「空き家を放置するのは家主の勝手」という考えが、旧市街地やかつてのニュータウンをどんどんだめにしていっている中で、彼女たちの取り組んでいることには頭が下がります。尾道の反対の残念な例は函館です。函館に住みたいという需要は強くあるのですが、不在地主が多すぎて、空き家と空き地が増えるばかり。人口減で夜景も年々損なわれてきています。

出町 地元に入り込んで、関係者を説得することを豊田さんはやりました。

藻谷 それをやる人が尾道にいたということが、すごいんです。

出町 まさに、地域再生は「人」が大事だと痛感しました。

藻谷　尾道という土地が人を引き寄せて、その人たちが「尾道を何とかしよう」と立ち上がった。立ち上がる人がいたからこそ、地の恵みも生かされたのです。

出町　尾道市は人口が約一四万人です。私の郷里である富山県高岡市は、それより少し多い人口約一七万人の町なのですが、中心商店街にはシャッター通りが目立ち元気がありません。藻谷さんは高岡についてどう思われますか？

藻谷　私も父親は富山市、母親が石川県小松市の出身なので、そのあたりの雰囲気はよくわかります。とくに小松市と高岡市はよく似ていますね。共に前田藩の隠居所のあった城下町で、人口も県内ナンバーツー。そんな中、小松は昔の市政が土建大好きで、歴史の古さを感じさせる町並みをかなり壊してしまいました。ですが一方でコミュニティは意外にしっかりしていて、子ども歌舞伎などの伝統を守ろうという市民意識は強い。逆に高岡は小松ほどには町を壊さず、古城公園も市電の万葉線もよく残して来たのですが、小松よりも一般市民の地元意識は希薄で、頑張っている人をあんまり応援しません。高岡だけでなく、富山県全体がそうなのですが……。

出町　おっしゃる通りですね。最近は、高岡もハコモノばかりが目立つようになり、市財政の負債も膨らんでいます。そんなわが故郷・高岡で、光を放つ存在として鋳物メーカー「能作」を取り上げたのです（第一章）。

藻谷　かつて高岡は銅器の町として栄えましたが、バブル崩壊以降は景気のいい話をさっぱり聞かなくなりました。そりゃそうですよね、かつてのように大きな会社が運動会をやって社員にメダルを配ったり、金持ちが自分の家に銅像をつくったりなんて、今時しませんから。

出町 ないです、ないです。

藻谷 それなのに高岡の業者は、「不景気でノベルティがなくなったから売れないのは仕方ない」と嘆いているだけでした。そんな高岡で「能作」のように、景気のせいにせず、どうやったら売れる商品になるかを工夫する会社が出てきたことは素晴らしいことです。

出町 「能作」はいま、若い職人さんたちをどんどん雇って、海外にも進出を始めていますからね。「地方」と「世界」がつながる時代という点は、その他にも飛騨高山やニセコ、それに山口の日本酒「夢雀」などを本書では取材しています。

公務員の存在に光を当てる意味

藻谷 それからこの本は、文句ばかり言われがちな公務員にも光を当てていますね(第三章)。

出町 もともとは、地域活性化センター理事長の椎川忍さんに教えてもらった「地域に飛び出す公務員」が発想のスタートでした。それから探してみると、常滑市副市長をしている「流しの公務員」や、神奈川県秦野市のカリスマ公務員など、面白い人が何人も出てきたのです。

藻谷 彼らの活動をジャーナリストの視点から客観的に評価することには、大きな意味があります。公務員は立場上、自分たちから「先進事例です」などと言えない。地元の人は公務員というだけで妬み半分、やっかみ半分で認めない。第三者が認めてあげなくてはいけません。

出町　こんな面白い公務員たちを取材できたのが、この仕事の大きな驚きでした。

藻谷　富山県内にも、スーパー公務員はいますよ。でも全国的な傾向で、数は減っています。

出町　それはなぜでしょうか？

藻谷　組織内の管理が厳しくなっているからです。ＫＰＩ（重要業績評価指標）やコンプライアンス（法令遵守）が重要視されるようになり、組織内の管理を仕事にする公務員の権限が強くなっています。ありていに言うと、地域に飛び出す公務員より、組織内部の管理だけをする公務員の方が出世しやすいのです。若い世代の場合、意欲がある人がやめてしまいがちですね。

出町　昇進ばかりを考える公務員が増えているのだとしたら、残念ですね。椎川さんは「地域に飛び出す公務員を応援する首長連合」のサミットを毎年開催しています。そこで公務員の副業について議論するなど、かなり先進的なことをやろうとしているように見えます。

藻谷　椎川さんは信念として、公務員が役所内にこもってしまう風潮を少しでも改めようとしているのでしょう。そのためには、実際に活躍する身近なロールモデルを、全国に増やせねばならない。彼らを増やすには、それをかばう上司や、副業を認める制度なども重要です。

出町　藻谷さんは、これからの公務員はどうあるべきだとお考えですか？

藻谷　できる人はどんどん地域に飛び出して行ってほしい。自分はそこまではなかなかできないという性格の人でも、地域づくりをやっている民間のキーパーソンと、個人として人間関係を結んでおくことが大事です。市民参加とは本来、市民が行政に参加するのではなく、行政が市民として地域づくりに参加することなのです。そもそも、偉くなりたいのなら自治体公務員はやめておいた方がいい（笑）。市民、議員、首長を下から動かして、事を成し遂げてほしいですね。

出町　確かにそうですね（笑）。

藻谷　偉くなりたがる人というのは、自分の人生に対して自分自身の評価軸がないのです。でも、出町さんが取材してきた方々のように、面白く、楽しく、生き生きと働く公務員もいます。こうして書き残していただいたのを読んで、昇進ばかりを考えるお役所人間ではなく、楽しい地域をつくろうとする公務員が一人でも増えれば、大きな意味があると思いますよ。

未曽有の危機に対する処方箋

藻谷　夕張市にも取材に行かれていますね（第七章）。どんな印象でしたか？

出町　私が取材に訪れた際は、コンパクトシティー化による再生への第一歩を踏み出していました。鈴木直道市長のもと、夕張市も借金返済一辺倒ではなく、地域再生事業に取り組むことも国から認められていました。その後、鈴木市長は北海道知事選挙に出馬を表明しました。

藻谷　北海道の人は、地元出身であるほど札幌にばかり集まりたがり、その札幌は東京ばかりを向いている。東京出身の鈴木さんは、その依存の精神的構造を壊すことができるでしょうか。

出町　鈴木市長は本当に献身的にやっている印象でした。市民五人以上が集まればどこへでも出向いて、対話に応じたそうです。居酒屋に呼び出されて何時間も怒られたりもしたとか。

藻谷　旧産炭地対策の補助金漬けになった夕張には、活性化も衰退もすべて役所の責任という、究極の依存体質が行き渡りました。市役所職員も相当数が、そんな町を嫌って市外に住んでいる。安い給料で身を粉にして働く鈴木市長を見て、住民意識が少しは変わったのかどうか。

特にカギを握るのは、メロン農家です。夕張メロンは、夕張の気候と土にあった究極の地域ブランド商品ですし、果汁加工など六次産業化も進んでいる。メロン農家の意見は、市政にはどれほど反映されてきたのでしょうか。逆に農家は、市内に住んで市政に参加しているのでしょうか。

出町　メロン農家を含め、住民の意識が変わるかが、夕張にとって大事ですね。

私も夕張に行ってみて驚きましたが、新千歳空港からのアクセスも車で一時間程度と悪くないし、スキー場やホテルも立派です。もっとインバウンドを呼び込める可能性もある。

藻谷　そうです。夕張の「地の利」は、メロンとスキーですから、それらを生かして新たな成長の芽を育てられるかどうか。そのとき、住民をどこまで巻き込めるのかが勝負です。

出町　夕張のコンパクトシティー化は、「自分の住んでいた町を捨てる」ということですから、住民からの反発も多かったようです。それを粘り強く説得しました。

藻谷　かつての夕張は、人口が何分の一にも減っていく中で、市営住宅を増やし続けました。未だにマンションを増やし続けている大都市の姿がそこにかぶります。首都圏でも京阪神でも、札幌圏でも、今の人口増加の正体は高齢者の急増で、六〇代以下はもう減っているというのに。事実を確認せず思い込みで走るがゆえに新しい時代への対応が遅れ、そのツケを若い人が背負っている――。夕張はまさに日本の縮図であり、日本の未来像なのです。

出町　私もそれは実感しました。夕張は象徴的ですが、取材したどの地方も、日本がこれから直面するであろう課題を先取りして、志ある人が立ち上がって奮闘している。人口減少という未曽有の危機に対する処方箋のヒントを、彼らから得てほしいと強く願っています。

（藻谷浩介　もたに・こうすけ／一九六四年生まれ。地域エコノミスト、日本総合研究所主席研究員。『デフレの正体――経済は「人口の波」で動く』『里山資本主義――日本経済は「安心の原理」で動く』『世界まちかど地政学――90カ国弾丸旅行記』など著書多数）

あとがき　「第三の奇跡」を起こせ

「まえがき」でお伝えしたように、私が本を書き始めたのは、二〇一〇年の末だった。当時、テレビ朝日の「報道ステーション」のニュースデスクとして毎日のニュースに追われていた。政治や経済を取材すればするほど、日本の現実に愕然とした。人類史上例のない人口減少、先の見えないデフレ、歯止めのない財政赤字の膨張……目をそむけたくなる実態ばかりだ。そして政治家が軽い発言を繰り返す。「不都合な真実」を直視していないのだ。政治不信や経済不安が大きなうねりとなっていた。追い打ちを掛けたのは、東日本大震災と原発事故だった。

日本の先行きが見えない。このままどうなるのか。日々に起きているニュースを伝えるだけでは、事態の本質はわからない。私は週末に、日本の近現代史を学び直した。

改めて痛感したのは、日本人の底力だ。明治維新、戦後復興と二つの奇跡を起こした。それは、偶然起きたのではない。それを成し遂げたのは〝火種〟をもった人々だ。彼らがどのような志で、どう行動したのか。「維新」「敗戦」に次ぐ「人口減」という国難に見舞われているが、「第三の奇跡」を起こすためには、過去の成功体験を検証することが必要なのではないか。それを世に問う。これがジャーナリスト、いや職業人としての私の使命のような気がした。そこから、私は立て続けに本を出した。

明治維新、その後の近代化は、まさしく「第一の奇跡」だ。それは、熱狂的な経済人の力なくしては、実現できなかった。私がその立役者として注目したのは、浅野総一郎だ。幕末に富山で生まれた浅野は、夜逃げ同然で上京した。それからが凄かった。セメント、鉄鋼、海運、造船など次々に事業を拡大し、日本の近代化の礎《いしずえ》を築いた。さまざまな事業の中で、私が括目したのは京浜工業地帯の建設だ。それは政府に頼らず、たった一人の事業だった。

一八九七年（明治三〇年）に海外を船で出張した浅野は、横浜港に戻って愕然とした。海外に比べ、あまりに港が貧弱だったからだ。港の水深が浅すぎて船が横付けできない。沖合に錨を降ろし、停泊したが、艀《はしけ》と呼ばれる小さな船で人やモノを運ばなければならない。

浅野が考えたのは、こんな構想だ。大型船が横付けできる港を造り、埋め立て地を隣接する。その埋め立て地には工場を建設し、その製品を、港に停泊している船で世界に輸出する。また、その港や埋め立て地には、鉄道を敷設し、世界から輸入されたモノを日本各地に運ぶ。つまり船、港、工場、鉄道を有機的に結び付けるプランだ。

「日清戦争の賠償金で日本は浮かれているが、そんなお金はいつかなくなる。日本が本当に豊かになるためには、世界を相手にモノを売らなければならない」

浅野は当初、この構想を政府に働きかけた。しかし、政府は一向に動かない。財政難が理由だ。ここに埋め立て地を早急に造らなければ、日本は豊かになれない。政府がダメなら自分でやろう。相談した相手は、銀行を経営する安田善次郎だ。

安田は日本一の大金持ちだった。浅野の情熱を理解しながらも、他人のお金を預かる銀行家として採算性を自ら調べなければならない。七〇代の老体に鞭打って専門家と一緒に三日三晩、京浜の海に舟を浮かべた。潮の満ち引きを調べるためだ。

そこで結論を出す。「埋め立ては十分に見込みがあります。融資しましょう」。

浅野が夢見た貿易立国ニッポンの胎動が始まった。歴史を振り返れば、浅野の情熱と安田の慧眼は驚くべきものだ。日本経済はこの埋め立て地をバネに大きく羽ばたく。一九一四年（大正三年）に第一次世界大戦が勃発し、ヨーロッパの大国は戦火の影響を受けた。その間、新興国日本は輸出立国として、経済成長した。世界的に品不足になった影響で、日本の造船業や鉄鋼業は活況を呈した。明治維新からわずか四〇年ほどで世界の列強に肩を並べる大国となった。

安田は、浅野のさまざまな事業を支えたが、批判もあったという。

「今の浅野については、私の銀行の中でももっと慎重に融資をすべきだという声があります。しかし、仮にもあれだけの事業をする男を援助して、焦げ付いても私はそれほど遺憾とは思いません。大きい仕事をする人に大きい援助を与えることは国家的にも意義があります」

浅野の仕事は成功ばかりではない。失敗の多い人生だった。七転び八起き、ならぬ「九転十起」を口にした。私は彼の評伝を書き上げて、情熱的な人間がもつ可能性を痛感した。

そして、時代は下る。第二次世界大戦で日本は陸軍が暴走し、勝ち目のないアメリカに戦争を仕掛けた。案の定、敗戦となった。焼け野原となり、死者は三〇〇万人にのぼった。

絶望的な状況から、日本は「第二の奇跡」を起こした。そこにも〝火種〟の人物が登場する。その一人は「メザシの土光さん」こと、土光敏夫だと私は考える。土光は起業家ではない。サラリーマンだ。大学卒業後、一九二〇年（大正九年）に石川島造船所に技術者として入社した。石川島は当時それほど大きくなく、三井や三菱、満鉄などに比べ給料が安かった。

それでも本人は全く意に介さなかった。好きな仕事だったからだ。タービンの技術者として汗まみれになって深夜遅くまで仕事をした。最初に経営者となったのは、終戦の翌年、一九四六年（昭和二一年）だ。石川島重工業の子会社、石川島芝浦タービンの社長となる。四九歳のときだ。戦後の混乱期だったので、仕事を選べない。土光は、従業員を食べさせるためには、野田の醤油タンクから、鍋や釜の製造まで手掛けた。「日本は今大混乱に陥っているが、日本人みんなで努力すれば、この国は立ち直る」と社員を鼓舞した。本社から長野県松本市にある工場まで出張する際には、夜行列車を使った。当時の列車はすし詰め状態だった。網棚やデッキにまで乗客が溢れかえっていたので、土光は立ったまま寝ていた。

資金繰りが行き詰まったときには、銀行の幹部に直談判した。弁当を用意し、融資してくれるまで、朝まで動かないと強硬に要求した。

その後、親会社の石川島重工業の社長に抜擢され、業績を急ピッチで立て直した。語り継がれるのは、朝鮮戦争の後に、航空機エンジン事業への参入を決断したことだ。この分野は技術的に最も困難だと言われていたが、土光は「社運をかける」と従業員の前で宣言した。机を拳で叩きながら、話したが、力を入れすぎたためか、拳が血で染まっていたという。

航空機エンジンを製造するため田無工場を建設。そこには、戦前の海軍で技術者として活躍した面々が集まった。敗戦で自信をなくしていた日本人の誇りを取り戻すこととなった。

さらに、東芝の社長として白羽の矢が立った。東芝は当時、経営が悪化していた。社長就任後、本社の忙しい仕事の合間に、全国三十余りある工場や営業所を視察した。夜行列車で出かけ、夜行で帰るというハードな予定をこなす。帰るとすぐに本社に戻って社長の仕事を始めた。有名なエピソードは、姫路工場の視察だ。四〇万坪もの工場を視察した後、土光は工場脇のグラウンドでスピーチをした。突然雨が降り始めた。土光は傘をささずに、びしょ濡れになりながら、東芝の経営の現状や人材教育について話した。傘をさしながら聞いていた女性従業員は傘を閉じ始めた。いつの間にか傘は一本もなくなった。土光の必死の説明に、従業員たちは目に涙をためた。スピーチの後、従業員たちは「社長、お体を大切に」「私たちも頑張ります」と口々に叫んだ。

土光は通勤の際には、満員電車に揺られ、誰よりも早く出勤した。そして守衛にもお辞儀した。「守衛だって、社長だって、人間は平等だ」というのが土光の口癖だった。

社長室も毎日開放し、朝の七時半から八時半までは誰でも入れるようにした。「社長は雲の上の人であってはいかん」という信念からだった。

土光は「再建の神様」とも言われるが、終始貫いたのは、結局、現場主義と人間尊重の経営だった。シンプルな行動だが、それが積み重なると、それこそが奇跡を生み出す。

さて、私は今、全国を飛び回り、地方の動きを取材している。歴史作家から地域ジャーナリストに宗旨替えしたわけではない。私なりに、一貫した理由がある。現代はまさに、「第三の奇跡」を起こすタイミングだと思うからだ。

明治時代からの立身出世という〝国是〟をベースに、優秀なトップレベルの生徒は戦後、東京の一流大学を狙った。就職先は、役所やメガバンク、商社などだ。優秀な人材を東京に送り込む構図が続いていた。それが地方衰退の要因になった。

しかし、こうした構図は、デフレ経済とともに、終焉を迎えつつある。一流企業に入っても、リストラされたり、企業内失業することもある。また、巨額の借金を抱える国は今や、補助金などの分配で、地方をコントロールすることもできない。さらに、ある専門家によれば、二〇一一年の東日本大震災をきっかけに、都市部から田園や島への移住者が増えている。若者たちの意識が変化しているのだ。

時代状況は整った。あとは、それぞれの地域の人々の情熱次第だ。この本に出てくる人々は、それぞれの地域で周囲を巻き込み、奇跡を起こしている。それは、「第一の奇跡」の浅野総一郎、「第二の奇跡」の土光敏夫に通じる。時代は新たな奇跡を起こす情熱的な人を求めているのだ。

さらに「第三の奇跡」を起こせば、世界から注目されるだろう。人口減少は今後、多くの先進国が直面する課題だ。それにいち早く、対峙する地域の取り組みは、世界の人々の参考になる。この本に出てくる鹿児島県の集落「やねだん」の自治公民館長、豊重哲郎さんの地域再生は、すでに、ベトナムや韓国からも熱視線を浴び、視察団が相次いでいる。現場発で日本再興がすでに始まっている。日本を再興するために何ができるのか。永田町や霞が関の日本再興論はむなしく響く。「現場に解あり」だ。

私の大好きな言葉に「日に新たに、日々に新たなり」がある。それは「きょうはきのうより、新しく良くなり、あすはきょうより、新しく良くなる」という意味だ。「日に新たに、日々に新たなり」の精神は、地方再生の現場では重要だと思う。前例踏襲や横並び意識を超えて、毎日新たな挑戦を続ければ、奇跡は起きる。

平成最後の月に出版できたのは、幸運だった。新たな元号で、新たな日本を築く参考にしていただければ幸いだ。

なお最後に謝辞を記したい。

本書は月刊誌『潮』に連載した「地方創生の志士たち」をまとめたものだ。〝同伴者〟となったのは、『潮』副編集長の末松光城さんだ。取材を終え、現場で一緒にリポートの切り口を考えた。末松さんの鋭い視点はなくして本書は成立しない。謝意をお伝えしたい。

さらに、今回の書籍化を快諾していただいた晶文社の太田泰弘社長にも感謝したい。熱き情熱を持った太田社長は私にとっては兄貴分のような存在である。

また、妻、久美子にも「ありがとう」と言いたい。私は報道記者、さらに「週末作家」として家を空けてばかりいた。その間、子育てしたのは、久美子だ。二人の息子が大学を卒業し就職できたのも妻のおかげである。

本書は、月刊『潮』（潮出版社）に掲載された「シリーズ　地方創生の志士たち」（２０１６年10月号〜２０１８年12月号）の内容に加筆修正したうえで、再構成しました。

著者について

出町　譲（でまち・ゆずる）

1964年富山県高岡市生まれ。ジャーナリスト。90年、時事通信社入社。NY特派員などを経て、2001年、テレビ朝日入社。経済部、「報道ステーション」デスクを経て、現在は「グッド！モーニング」ニュースデスク。2011年から本格的に著作活動を開始。著書に『清貧と復興　土光敏夫100の言葉』（文藝春秋）、『九転十起　事業の鬼・浅野総一郎』『景気を仕掛けた男「丸井」創業者・青井忠治』『日本への遺言　地域再生の神様《豊重哲郎》が起こした奇跡』（いずれも幻冬舎）などがある。

現場発《げんばはつ》！ニッポン再興《さいこう》——ふるさとが「稼ぐまち」に変わる16の方法

2019年4月30日　初版

著者　出町　譲

発行者　株式会社晶文社
東京都千代田区神田神保町1-11　〒101-0051
電話03-3518-4940(代表)・4942(編集)
URL http://www.shobunsha.co.jp

印刷・製本　株式会社太平印刷社

ISBN978-4-7949-7082-4 Printed in Japan